Samhuinn

Das heutige Halloween, der Allerheiligenvorabend, beinhaltet viele nichtchristliche Traditionen und Bräuche des heidnischen Samhain-Festes. Die Druiden nannten das Fest auf Gälisch „Samhuinn“, was so viel wie „Sommerende“ bedeutet. Die vorchristlichen und abergläubischen Kelten sahen diese Periode als Über-gangszeit an, in der die Trennung zwischen der Welt der Lebenden und der Toten besonders dünnwandig war. Denn in dieser Zeit fällt es den Toten leichter, Zugänge zur Welt der Lebenden zu finden. Darum setzten die Menschen an Samhuinn Masken auf, um sich zu tarnen. Sie sollten die Toten fernhalten und die bösen Geister vertreiben.

+ + +

Bilder einer ehemaligen Jutefabrik in Dundee, die komplett abgerissen und neu überbaut wurde, inspirierten mich zu dieser Geschichte.

+ + +

Fried Hansen

Samhuinn

Covergestaltung: Ph. Seippel
Lektorat, Korrektorat: JaNaM

Selfpublishing-Portal: Bookmundo

Gedruckt in Deutschland

Die Deutsche Nationalbibliothek verzeichnet diese Publikation in der Deutschen Nationalbibliografie.

ISBN: 9789464857832

Inhaltsverzeichnis

Vorweg

Ein paar Worte der Personen, die in meiner Geschichte vorkommen:

*

Der alte Mann auf dem Friedhof
Schon beim Näherkommen sah ich die Ähnlichkeit des jungen Mannes mit seinem Vater. Nun ja, der Davie war beileibe kein Kostverächter. Aber ich habe zu der Dame lieber nichts dergleichen erwähnt, laufen ja genug Uneheliche rum.
*
DCSI Hamish MacQuarie
Detective Chief Super Intendent / 'Chief MacQuarie'
Dieser Fall war schon ungewöhnlich. Dass dabei meine Schutzbefohlene übers Ziel hinausschoss, nun ja, auch ich war in jungen Jahren nicht viel anders.
*
DCI Jennica Swan
Detective Chief Inspector / 'Chief Inspector Swan'
Shit happens. Hätte für mich echt besser laufen können.
*
Dr. Vivian Linney
Ich hätte all das viel früher merken und sehen müssen, was damals mit meiner Daisy passierte. Schon seltsam, dass Elliot MacBlunt plötzlich spurlos verschwunden ist.
*
Kira ‚Gipsy Haven' Boutique
Wow, das ging ja sehr viel schneller mit Daisy als ich dachte. Jedenfalls wünsche ich ihr viel, viel Glück.

*

Boss vom Wexford Golf Club
Das Geschäft am Laufen zu halten, hat für mich oberste Priorität. Der Kunde ist schließlich König. Charly war neu im Geschäft, aber irgendwie nicht dafür geeignet.

*

‚Gentleman' Burns
Den Charly habe ich leider nicht zu fassen bekommen. Aber eben kein Geschäft ohne Risiko.

*

Schwester Helen vom Helpdesk
Ich habe erst bei Dienstantritt erfahren, dass unser No-Name-Mann verschwunden war. Und dieser freundliche Handelsvertreter, der kam mir gleich falsch vor.

*

Nachtschwester Laura
Ich achte sehr darauf, dass die Patienten ihre Medikamente ordnungsgemäß einnehmen. In diesem Fall habe ich mir jedenfalls nichts zuschulden kommen lassen.

*

Raymond de Montparnasse, Kapitän
Wenn isch bin Kapitän von meine Schiff, dann isch tragen Verantwortung für das Leben von die Leute an Bord und nischt die Tod.

*

Sergeant Lindsey
Dass das mit meinem damaligen kleinen Missgeschick so viel Staub aufwirbeln würde, wer hätte das gedacht. Da wird es bei mir ja wohl erst mal nichts mit 'nem ruhigen Schreibtischjob.

*

Owen Meaner, Police Sergeant im Ruhestand
Irgendwie hat mich der eingesperrte Chief Inspector an eine der Sherlock-Holmes-Geschichten erinnert.

*

Kassiererin, Tankstelle bei Warrington
Waren schon seltsame Typen, die da irgendwie auf das grüne Cabrio fixiert waren, und dann deren Telefonierei. Vor allem dieser Typ mit der weißen Langhaarperücke. Also irgendwie erinnert der mich an einen Promi, welcher, fällt mir bestimmt noch ein.

*

Henry McCormac, Zelebrant
Als die beiden hereinkamen, hatte ich schon so ein seltsames Gefühl. Wenn man dreißig Jahre in diesem Geschäft ist, dann bekommt man einen Blick für die Menschen. Bei den beiden war der Funke noch nicht richtig übergesprungen, wenn sie wissen, was ich meine.

*

PCSO Malley und PS Malloy
Police Community Support 'Officer' / Police 'Sergeant'
Extra so'nen Chief Inspector aus Schottland für so'n kleinen Fisch. Den Fall hätten wir auch allein gelöst.

*

Daisy Dee Linney
Ich hatte keinen Plan fürs Leben, bis Ben kam. Ab da ordnete sich alles neu und ich wusste, dass es so sein soll.

*

Schalterbeamter, Postamt Strathmartine Road
Dieser Junge verhielt sich nicht gewöhnlich. Ich habe dafür einen Blick in all den Jahren als Schalterbeamter bekommen. Er sprach sehr leise und ich konnte leider nur ein paar Worte wie Schwein, Kind und 1000 £ hören. Danach hab ich ihn hier nie wieder gesehen.

*

Chuck
Es war purer Zufall, dass ich dem Charly begegnete. Als ich seinen Dundee-Dialekt hörte, meine Mutter stammte von dort, nahm ich ihn einfach mit auf Tour. Er gab mir ein Stück alte Heimat, auch wenn er sich an nichts erinnern konnte, dafür zeigte ich ihm, wie man in Afrika überlebt.

*

Elliot MacBlunt
Ich will mich da nicht rausreden, aber dass ich einmal so ende.

*

Bernhard (Ben) McTinn
Mein Glück im Unglück, denn ich lebe jetzt das Leben für Len mit.

*

+ + +

➢ Aber kommen wir nun zur
eigentlichen Geschichte.
Sie begann an einem regnerischen Nachmittag
auf dem Friedhof in Dundee
– mit einem Versprechen.

+ + +

Balgay Cemetery, Dundee
März 1986

Ist Mom jetzt bei Dad?
Ja, Lenny.
Dann kann er wieder auf Mom aufpassen?
Ja, Lenny, besser als wir beide.
Und wer passt auf uns beide auf?
Ich pass auf uns beide auf.
Und wenn böse Drachen uns fressen wollen?
Dann werde ich sie besiegen.
Und wenn ich in ein tiefes, dunkles Loch falle?
Hol ich dich da wieder raus. Versprochen!
… Du, Benny … es ist gut, einen Bruder zu haben.

+++

12 Jahre später

Glenmoy Ave, Dundee
Freitag, 17.07.1998
Abends 21:00 Uhr

Dr. Vivian Linney schäumte vor Wut, als sie am Abend, nach dem Wochenendeinkauf, das Haus betrat und ihren Lebenspartner total entspannt, ein Bier in der Hand, vorm Fernseher sitzen und Fußball gucken sah. Lautstark stellte sie die Einkaufstasche auf dem Dielenboden ab und blieb dann im Türrahmen zum Wohnzimmer stehen.
„Mach sofort die Kiste aus. Wir haben zu reden."
Er zeigte keinerlei Reaktion.
„MacBlunt! Mach sofort den Fernseher aus!"
Ihr scharfer Tonfall war unmissverständlich und so drückte er widerwillig die Aus-Taste. Genüsslich nahm er noch zwei weitere Schlucke aus der Pulle, um ihr dann sehr langsam seinen Kopf zuzuwenden.
„Was ist denn, Schätzchen? Worüber denn?"
Sie stellte sich jetzt zwischen ihn und den TV.
„Seit gestern Morgen ist meine Tochter kaum noch ansprechbar, macht einen total verängstigten Eindruck und sobald sie dich sieht, schließt sie sich in ihrem Zimmer ein!"
Elliot MacBlunt machte sein Unschuldsgesicht, erhob sich langsam und versuchte, sie in den Arm zu nehmen.
„Vivian, Liebes, was ist mit dir los? Daisy ist mitten in der Pubertät, da ist es doch normal, wenn sie rumzickt."
„RUMZICKT!?"

Vivian trat vorsichtshalber einen Schritt zurück, sie war jetzt kurz vorm Explodieren.
„Du warst in der letzten Zeit auffällig oft in ihrer Nähe, hast sie viel umarmt und intensiv gestreichelt, stimmt's?"
Er versuchte erneut eine Umarmung, sie wich ihm wieder aus. Er setzte sein extramildes Lächeln auf.
„Ja und? Sie braucht doch in dieser Zeit besonders viel Zuwendung."
„So viel, dass sie vor dir wegläuft??"
Sie baute sich nun in voller Größe vor ihm auf.
Ihre Augen funkelten ihn wütend an.
„MacBlunt! Jetzt ist Schluss mit lustig! Wenn DU nicht mehr dazu zu sagen hast, dann werde ICH dir sagen, was passiert ist! Oder?"
Elliots Lächeln verblasste und er sank in den Sessel zurück. Sie blickte zornig auf ihn herab, fuhr dann fort.
„Ich habe gestern ausnahmsweise einmal ihr Zimmer inspiziert und dabei ein verschmutztes, blutiges Bettlaken in ihrer Sporttasche gefunden. Zudem war ihr Bett frisch bezogen. UND?!"
Sie fixierte seine Augen.
Elliot wich ihrem Blick aus und zupfte sich fortwährend imaginäre Fussel von seinem Jackenärmel.
„Da siehst du mal, wie eigenständig deine Tochter schon ist. Ohne dass wir ihr etwas sagen müssen, wechselt sie sogar ihre Bettwäsche … Außerdem, wo steckt sie eigentlich?"
Vivians Geduld war nun endgültig am Ende.
„Willst du mich VERARSCHEN??"

Sie schnaubte wütend und ballte dabei ihre Hände zu Fäusten, wie im Begriff, loszuschlagen.
„ … Jetzt hör du mir gut zu, Elliot MacBlunt!! Ich habe das besagte Bettlaken heute Morgen zur Analyse mit ins Krankenhaus genommen und es im Labor untersuchen lassen. Dabei ist genau das herausgekommen, was ich befürchtet habe. Du kannst dir ja denken, was!"
Vivian atmete tief durch, dann schrie sie es ihm direkt ins Gesicht:
„Elliot MacBlunt! Der Ofen zwischen uns ist aus!!"
Sie holte mehrmals tief Luft, bevor sie weitersprach.
„Ich habe sie heute Vormittag zu meiner Schwester nach Wales geschickt. Dort ist sie erst einmal gut aufgehoben, zumal sowieso die Ferien begonnen haben. Alles Weitere wird sich dann ergeben. Du wirst dann von mir hören."
Elliot öffnete den Mund und wollte zu einer seiner üblichen Verteidigungsreden ansetzen. Doch Vivian hob drohend die Hand und fauchte ihn an:
„… und DU! Wag es ja nicht, meiner Tochter jemals wieder zu nahe zu kommen!"
Dann drehte sie sich abrupt um, nahm Tasche, Jacke, Schlüssel und ging zur Haustür.
„Ich habe Nachtdienst und werde vorläufig in Daisys Zimmer schlafen. Guten Abend!"
Sie ließ die Haustür krachend hinter sich ins Schloss fallen. Elliot MacBlunt starrte minutenlang die Haustür an, um sich dann ein frisches Bier aus der Küche zu holen und wieder dem Fernseher zuzuwenden.

Rückkehr aus Afrika

Sandy Beach, Wales
Dienstag, 28.10.2003
Sehr früh morgens 05:30 Uhr

Er sah nach oben. Die letzten Sterne der Nacht spiegelten sich in seinen Augen.
Scheiße! Der Deal war geplatzt!
Man hatte ihn verpfiffen.
Die Route, der Ort, die Zeit.
All das hatte er doch erst gestern festgelegt, trotzdem war etwas durchgesickert.
Ein Leck in der Organisation – so wie das im Boot, in dem er gefesselt lag und langsam aber sicher absoff, denn die Strömung trieb ihn unerbittlich immer weiter vom Ufer weg auf die offene See hinaus.
Seine Zeit auf dieser Welt war wohl abgelaufen.
Der Tidenhub würde ihn unaufhaltsam aufs offene Meer saugen und dort versinken lassen. Dabei war das rettende Ufer nur ein paar Meter entfernt. Doch so kurz vor der Morgendämmerung war der Wanderweg entlang des Ufers noch menschenleer.
Niemand würde ihn sehen, wie er so dahintrieb.
Der Wind hatte mittlerweile aufgefrischt und leicht gedreht. Er wehte jetzt aus Südwest. Etwas hatte sich am Heck verfangen. Er versuchte, seinen Kopf zu heben, um zu sehen, was es war. Ein vom Sturm abgebrochener Ast mitsamt seinem welken Laub, das im Wind seinen Totentanz aufführte.
Eine Seemöwe hatte sich auf dem Dollbord niedergelassen, um sich vom Fischen auszuruhen.

Sie beäugte ihn argwöhnisch, bereit, jeden Augenblick wieder aufzufliegen, um erneut nach Fischbeute Ausschau zu halten.
Das Boot begann langsam und träge, sich quer zur Strömung zu drehen, und trieb tatsächlich auf das nahe Ufer der Longoar Bay zu.
Noch wäre nichts zu spät.
Sein Kopf schmerzte.
Er schloss die Augen, sah Afrika … Zebras … Chuck.
Dann verlor er wieder die Besinnung.
*

Police Scotland, Dundee
Nachmittags 16:00 Uhr

DCSI 'Chief MacQuarie' blickte auf die Akte, die Miss Baker ihm während seiner Mittagspause auf den Schreibtisch gelegt hatte, und kratzte sich seinen 7-Tage-Bart.

"Was ist das denn nun wieder?"

Er blätterte sie durch, um sich einen schnellen Überblick zu verschaffen. Die Stille im Raum wurde nur von gelegentlichen – Hmm's – und – Aha's – sowie seinen Bartkratzgeräuschen unterbrochen. Was er da las, war im gewissen Sinne unglaublich. Mit einem leichten Kopfschütteln klappte er den Aktendeckel wieder zu.

„Seit wann werden die Akten von Toten angefordert? Die tun doch niemandem mehr weh."

Er sah lange durch die gläserne Trennwand, die sein Büro vom Großraum trennte. Bis zu seiner Einladung zum Abendessen beim Oberboss DCC Finlay waren es noch knapp vier Stunden. Die Einladung kam nicht von ungefähr. Der DCC würde bald die Pensionierungsgrenze erreicht haben und er galt als einer der aussichtsreichsten Nachfolgekandidaten. Bis dahin musste er sich was einfallen lassen, denn Finlay dürfte bereits von diesem Fall Wind bekommen haben. Daher war es besser, ihm eine plausible Erklärung anbieten zu können.

Er griff zum Hörer.

„Miss Baker, treiben Sie bitte Chief Inspector Swan und Sergeant Lindsey auf. Zudem brauche ich alle

verfügbaren Unterlagen bezüglich dieser Anfrage aus Wales."
„Ja, Sir, und Tee für alle?"
Chief MacQuarie murmelte etwas wie – Hmja – in seinen 7-Tage-Bart und legte dann auf. Ihm war mehr nach Kaffee, aber mit der guten Miss Baker wollte er es sich nun auch wieder nicht verderben.

Eine knappe halbe Stunde später waren alle beisammen. Chief MacQuarie kam gleich zur Sache.
„Man hat heute Morgen unten in Wales, in Milford Haven, Pembrokeshire, einen jungen Mann halbtot aus dem Wasser gefischt. Schwere Kopfverletzungen, nicht vernehmungsfähig, keine Papiere, nichts Persönliches bei sich. Diese Person steht wahrscheinlich im Zusammenhang mit einer missglückten Drogenübergabe in der Nacht zuvor. Es hat in dem Zusammen-hang bereits einige Verhaftungen gegeben. Der Mann wurde von unseren Kollegen in Milford Haven erkennungsdienstlich gecheckt. Der Bericht liegt mir hier vor."
Er nahm einen großen Schluck aus seinem Teebecher, schaute dabei in die Runde, ob auch alle bei der Sache waren.
„Und jetzt kommt's! Die Fingerabdrücke von dem Mann stimmen überein mit denen von einem Toten aus unserer Stadt. Eine DNA-Probe ist noch in Arbeit."
Sergeant Lindsey blickte von seinem Teebecher auf und wagte sich als erster aus der Deckung.
„Und was geht uns das an?"
Chief MacQuarie warf ihm nur einen kurzen Blick zu, konzentrierte sich dann aber auf Chief Inspector Swan.

„Chief Inspector Swan, sie waren damals am 18. Juli 1998 die Diensthabende und haben die Leiche aus dem Wasser ziehen lassen.“
Chief Inspector Jennica Swan, Mitte 30, ca. 1,70 m, dunkelblondes Haar, kurzgeschnitten, sportliche Figur, vermutlich Fitnessstudio, blickte ihm in die Augen.
„Ja, Sir, ich erinnere mich sehr gut daran. Der Hafenmeister hatte die Leiche bei seiner morgendlichen Kontrollfahrt am Außenkai entdeckt. Sein Bootsführer, der alte McLeod, zog sie längsseits und konnte sie, trotz der schweren Kopfverletzung, identifizieren. Außerdem, in der Jacke des Toten steckten noch seine Ausweispapiere. Es handelte sich hierbei um Benny, genauer Bernhard, einen der McTinn-Zwillinge, Vollwaisen. Eine Vermisstenmeldung lag nicht vor. Der andere, Lennard, genannt Lenny, wird seitdem vermisst.“
„Danke Chief Inspector. Alles Weitere steht ja in der Akte. Tja, dann ist mir bei Durchsicht der Akte noch ein Vernehmungsprotokoll vom 30. Juni 1996 aufgefallen. Sergeant Lindsey, können Sie mir dazu etwas sagen?“
Sergeant Lindsey blickte abermals von seinem Teebecher auf, der ihn anscheinend die ganze Zeit über fasziniert haben muss.
„Ja, Sir, ... äh, ich meine, nein, Sir. Ich kann mich nicht mehr daran erinnern.“
„Wie bedauerlich. Na schön, dann werde ich Ihnen etwas auf die Sprünge helfen. Am 30. Juni 1996 bekamen Sie einen Anruf, dass ein paar Jugendliche vorm ‚Black Swan‘-Pub rumkrakeelen und blankziehen. Sie haben daraufhin vor Ort die vier Jugendlichen durch Constable

Meyers festnehmen und aufs Revier bringen lassen. Dort wurden von ihnen, nach damalig geltender Vorschrift, die Personalien aufgenommen, mit Fingerabdrücken, Foto sowie einer DNA-Speichelprobe. Ist das so weit korrekt, Sergeant Lindsey?"

„Ja, Sir! Jetzt erinnere ich mich wieder daran. Nach den Vorschriften aus Glasgow hatten wir bei jeder Inhaftierung so zu verfahren."

„Das ist richtig. Wurden die Jugendlichen dann anschließend von Ihnen auch inhaftiert?"

„Nein, Sir, ich habe sie am selben Abend noch nach Hause geschickt, da meines Erachtens keine weitere Gefahr einer nächtlichen Ruhestörung mehr bestand."

„Nun, da haben Sie ja sehr menschlich gehandelt. Ist Ihnen auch der Rest der Dienstvorschrift bekannt?"

„Ich denke ja, Sir."

„Und? Was besagt ebendiese?"

„Die Vernehmungsprotokolle, Fotos, Fingerabdrücke und DNA-Proben sind umgehend zu vernichten, wenn keine Inhaftierung erfolgt."

„Und? Haben Sie anschließend alles vernichtet?"

„Ich weiß es nicht mehr, Sir."

„So so, dann werde ich Ihnen nochmals ein wenig auf die Sprünge helfen müssen. Sie haben den Vorgang nicht komplett, wie vorgeschrieben, geschreddert und die DNA-Proben vernichtet. Stattdessen sind diese in Glasgow beziehungsweise in London gelandet. Oder wie sonst konnten die Kollegen in Wales an all diese Daten kommen?!"

Sergeant Lindsey blickte wieder in seinen Teebecher.

„Ich weiß es nicht, Sir."
Chief MacQuarie kratzte sich seinen 7-Tage-Bart.
„Wie es aussieht, haben wir hier bei uns im Revier ungesetzliche Datenbestände. Nun gut, sei's drum, wenn es im vorliegenden Fall der Aufklärung dient."
Er blickte kurz auf seine Handnotiz, kratzte sich dann zum wiederholten Male seinen Bart.
„Kommen wir nun zur Aufgabenverteilung. Sergeant Lindsey, Sie kontrollieren ab sofort alle Vernehmungsprotokolle seit Beginn dieser Dienstvorschrift auf Einhaltung derselben und berichten mir persönlich. Chief Inspector Swan, Sie fahren morgen früh nach Wales und nehmen den Mann in Augenschein. Befragen Sie ihn, sofern er vernehmungsfähig ist. Ich will Klarheit haben. Fingerabdrücke von einem Toten, wie in diesem Fall, gibt es nicht zweimal. Wenn ich mich nicht irre, stammen Sie doch aus Wales?"
„Ja, Sir, ich bin dort geboren und aufgewachsen."
„Sprechen Sie auch Walisisch?"
„Os oes angen, yn rhugl."
„Wie bitte?"
„Wenn es sein muss, fließend."
„Gut, zu Ihnen sollten die Jungs da unten Vertrauen haben. Ich werde Sie dort für morgen avisieren. Und nochmals! Kein Wort über diese Datenpanne. Ist das klar? Die Sache bleibt bis zur Klärung unter uns. Ach ja! Und nehmen Sie bitte alle ihre Teebecher mit, Miss Baker wäre Ihnen sehr dankbar. Das war's, an die Arbeit."

Chief MacQuarie kratzte sich zum x-ten Mal seinen 7-Tage-Bart, murmelte etwas von – morgen bist du ab – und wendete sich dann wieder den verbliebenen Akten auf seinem Schreibtisch zu.

Pembrokeshire Hospital, Wales
Spät abends 22:00 Uhr

„Guten Abend, Dr. Linney."
Die Frau hinterm Helpdesk am Haupteingang lächelte freundlich und schob ihr gleich die aktuelle Bettenbelegungsliste rüber.
„Guten Abend, Helen. Alles gut bei Ihnen zu Hause? Wie geht's Ihrem Jungen?"
„Ja, danke, meinem Kleinen geht es wieder gut, zum Glück keine richtige Magen-Darm-Infektion."
Dr. Vivian Linney überflog die Liste.
„Oh, wie ich sehe, hatten wir heute vier Entlassungen und nur eine Neuaufnahme. Das könnte eine entspannte Nacht werden. Aber wieso steht bei der Neuaufnahme kein Name? Wie das?"
„Der Neuzugang, ein junger Mann, wurde heute Morgen bewusstlos aus der Longoar Bay nahe Sandy Haven gefischt, ohne Papiere. Er wurde von uns wegen seiner Kopfverletzungen in ein leichtes Koma versetzt. Er könnte heute Nacht also eventuell unruhig erwachen. Er soll was mit Drogengeschäften zu tun haben. So zumindest hat das Sergeant Malloy angedeutet."
„Danke, Helen. Ich werde gleich mal meinen Rundgang antreten und mir den Mann genauer ansehen. Sonst noch wichtige Neuigkeiten?"
„Nein, Dr. Linney, nur dass der Kaffeeautomat mal wieder kaputt ist. … Ach ja, Schwester Daisy, ich meine Ihre Tochter, hat sie ab morgen tatsächlich vorläufig Frühschicht?"

„Ja, ihr passt das besser. Sie macht doch ab heute Abend einen Spanischkurs."
„Vamos a la playa?"
Jetzt mussten beide lachen.
Im Dienstzimmer angekommen, setzte sie sich kurz an den Schreibtisch und überflog die bereitgelegte Patientenakte des No-Name-Mannes.

- Familienname: unbekannt
- Vorname: unbekannt
- Geburtsdatum: unbekannt
- Nationalität: unbekannt
- Diagnose: Platzwunde im Bereich Schläfenbein / Jochbein / verheilte Fraktur am hinteren Scheitelbein linksseitig / CT ergab keine aktuellen inneren Blutungen / Patient wurde ruhiggestellt
- Bemerkungen:
  Patient wurde nach Einlieferung erkennungsdienstlich erfasst (Fingerabdrücke / DNA) /
- Verdacht auf Drogenschmuggel

Sie klappte die Akte zu, erhob sich, zog ihren Kittel über und begab sich auf Station. Auf dem Flur kam ihr die Nachtschwester entgegen.
„Guten Abend, Dr. Linney. Sie wollen sicher zu unserem Mr. No-Name."
„Guten Abend, Schwester Laura. Richtig. Gab es irgendwelche besonderen Vorkommnisse?"
„Nein, Dr. Linney. Er fantasiert nur manchmal, murmelt dann und wann etwas, ist aber kaum zu verstehen."

„Danke, Schwester Laura, ich werde ihn mir gleich mal anschauen."
Im Zimmer war nur das Nachtlicht an, für sie ausreichend, um sich einen ersten Eindruck zu verschaffen. Am Bett waren Gitter angebracht, um ein Herausfallen zu verhindern. Sein Kopfverband bedeckte beide Augen. Sie schaute kurz auf den Überwachungsmonitor. Alles im Normbereich. Sein Atem ging tief und gleichmäßig.
Sie wollte schon wieder den Raum verlassen, als er plötzlich sehr unruhig wurde, sich hin- und herwarf, dabei leise und undeutlich zu sprechen anfing.
„… Len … wo bist du? … heiß hier … die Sonne … Chuck … oh, so viele Tiere … muss helfen … Len … Ma … nich gut … is meine Schuld … darf man nich … Len … Len!"
– Den Dialekt kenne ich – schoss es ihr durch den Kopf – klingt, wie sie ihn in Dundee sprechen –. Sie blickte nochmals auf den Monitor.
Alles okay. Dann klingelte sie.
Nachtschwester Laura kam.
„Geben Sie ihm bitte noch eine Beruhigungsspritze, damit er diese Nacht ruhig durchschläft."
Sie setzte ihren Rundgang fort.

Milford Haven, Wales
Mittwoch, 29.10.2003
Früh morgens um 05:00 Uhr

Daisy trat ins Freie und sog die frische Morgenluft ein. Es war noch stockdunkel und die Nachtwolken sahen vorerst nicht nach Regen aus. Gut fünf Jahre lebte sie nun schon hier unten. Sie war zusammen mit ihrer Mutter hierhergezogen, um den sexuellen Übergriffen ihres Stiefvaters zu entkommen.
Während es für ihre Mutter leicht war, sich neu zu orientieren und schnell eine adäquate Arbeit als Ärztin zu finden, fühlte sie sich hier anfangs ziemlich einsam und allein. Dank Tante Evelyn, die ältere Schwester ihrer Mutter, die hier als Psychotherapeutin arbeitete, hatte sie im Laufe der Jahre ihr traumatisches Erlebnis bewältigen und sich stabilisieren können.
Seit einigen Monaten spürte sie jedoch, dass sie sich aus dieser Enge befreien musste. Sie hatte nichts gegen Tante Evelyn oder gar ihre Mutter. Nein, im Gegenteil, sie war beiden dankbar. Doch jetzt fühlte sie sich stark genug, um etwas von der Welt sehen zu wollen, Neues zu erleben. Raus aus diesem Ort, diesem Klima. Der Spanischkurs sollte ein Anfang sein. Sie hatte kein besonderes Ziel, wollte einfach nur weg von hier. Irgendwie … frei sein. Der bisher einzige Urlaub war mit ihrer Mutter gewesen – sieben Tage Cluburlaub.
Sie schwang sich aufs Fahrrad und fuhr zur Frühschicht ins Krankenhaus.

Pembrokeshire Hospital, Wales
Frühschicht 06:00 Uhr

Nachtschwester Laura klappte gerade die Patientenmappe zu, als Daisy, ihren Dienstkittel zuknöpfend, im Schwesternzimmer erschien.
„Guten Morgen, Laura, ruhige Nacht gehabt?"
„Danke, ja, Daisy. Keine besonderen Vorkommnisse. Ach ja, deine Mutter will dich noch mal kurz sprechen, bevor sie geht."
„Ja, okay. Die Mappe nehme ich gleich mit."
Sie ging zum Ärztezimmer, klopfte und trat ein.
„Hallo, Mom. Du wolltest mich noch sprechen?"
„Guten Morgen DDee. Ja, aber setz dich doch. Unser gestriger Neuzugang Mr. No-Name war bisher nicht ansprechbar, du hast ja da seine Mappe bei dir. Er hat heute Nacht allerdings ein paar Satzfetzen gemurmelt. Wie es sich anhört, scheint er aus der Umgebung von Dundee zu kommen. Er sprach diesen Dundonian-Dialekt. Er wird wohl heute aufwachen. Hab bitte ein Auge auf ihn und sollte die Polizei hier nochmals aufkreuzen und zu aufdringlich werden, dann versuch sie bitte zurückzuhalten. Der Tagdienst bekommt ebenfalls Bescheid. Alles Weitere steht in der Mappe. Und bei dir, DDee, alles so weit in Ordnung?"
„Ja, Mom, alles gut. Tante Evelyn lässt dir ausrichten, sie ist noch bis zum Wochenende bei einer Freundin in Swansea."
„Danke. Dann wünsche ich dir eine ruhige Frühschicht und viel Spaß beim Spanischkurs heute Abend."

Zurück im Schwesternzimmer schaute Daisy noch kurz in die Akte von Mr. No-Name und machte sich dann an die Arbeit.

Leise öffnete sie seine Zimmertür. Nur das Nachtlicht war an.
„Guten Morgen, Sir, sind Sie wach?"
Er schreckte aus seinem Dämmerschlaf hoch. Doch als er versuchte, seine Augen zu öffnen, blieb alles dunkel. Er ertastete den Verband um seinen Kopf.
„Was ist los? … Wo bin ich hier und wer sind Sie?"
Sie trat näher an sein Bett.
„Ich bin Schwester Daisy und möchte ihren Verband wechseln."
Er stutzte. Sie sprach mit einem starken schottischen Akzent und ihre Stimme … irgendwie kam sie ihm bekannt vor.
„Bin ich hier in Schottland?"
Er versuchte, sich aufzurichten.
„Nein, Sir, im Pembrokeshire Hospital in Wales. Warten Sie, ich helfe Ihnen hoch."
Als sie sein Kopfteil hochstellen wollte, erzeugte ihre Nähe und ihr Duft in ihm eine unerwartete Vertrautheit. Vorsichtig suchte er nach ihrer Hand und ergriff sie. Sie ließ ihn gewähren, während er nach Worten rang.
„Kommen Sie aus Schottland?"
„Ja, Sir, aus Dundee. Wir sind hier runtergezogen."
Er wiederholte den Namen und in seinem Kopf begannen die Mühlsteine seiner Erinnerungen sich langsam zu drehen. Er griff ihre Hand jetzt noch fester.
„Wie, … wie ist Ihr voller Name? Daisy … ?"

Fragend blickte sie auf seinen verbundenen Kopf.
„Daisy Dee Linney. Warum?"
Er wiederholte ihren Namen wie ein Echo.
„Daisy Dee Linney … Daisy Dee Linney."
Den Bruchteil einer Sekunde später stöhnte er plötzlich auf. Explosionsartig begannen Erinnerungen seinen Kopf zu fluten. Augenblicke der Ewigkeit vergingen und er begann zu begreifen.
„Bist du … bist du die kleine Daisy Dee aus der Glenmoy Avenue?"
„Ja, Sir. Woher kennen Sie mich? Wer sind Sie?"
Sie versuchte sich aus seinem Griff zu lösen. Doch er hielt sie fest.
„Ich bin Charly Smith … Nein, nein! Ich bin Ben … Ich bin Benny McTinn … Ich bin Ben."
Daisy schreckte zurück, riss sich von ihm los.
„Das kann nicht sein. Ben ist tot. Er wurde vor fünf Jahren in Dundee aus dem Hafenbecken gefischt und ist auf dem Balgay Cemetery begraben."
Er versuchte erneut, nach ihrer Hand zu greifen.
„Nein, Daisy, ICH bin Ben! Len liegt dort begraben. Ich lebe … Len ist tot … er ist tot!"
Sie spürte, dass er nicht mehr in der Lage war, weiterzusprechen.
„Ich bin gleich wieder da, muss nur frisches Verbandszeug holen."
Sie hatte plötzlich sehr weiche Knie und verließ fluchtartig das Krankenzimmer.

🌐 Dundee, Schottland
Morgens 08:00 Uhr

Sie musste sich beeilen, um ihren Zug nach Glasgow noch zu bekommen. Die allmorgendliche Besprechung dauerte diesmal länger als sonst.
Ein kurzer fragender Blick vom Chief MacQuarie hatte sie wieder auf Trab gebracht.
Sie erhob sich, nickte ihrem Chef zu.
„Sie entschuldigen mich, Sir!"
Der blickte nur kurz zu ihr rüber.
„Viel Erfolg, Chief Inspector Swan."

Am Bahnhofskiosk besorgte sie sich schnell noch den ‚Herald' und den ‚Guardian' als Reiselektüre, stopfte beide in ihre Reisetasche und eilte zum Zug. Miss Baker hatte ihr bereits gestern die Sitzplätze in der 1. Klasse bis Milford Haven, inklusive zweimal umsteigen, reserviert.

Auf der Strecke Dundee → Glasgow hatte sie sich bereits durch beide Zeitungen gelesen. Jetzt, nach dem ersten Umstieg, hatte sie bis Crewe gut drei Stunden Zeit, um sich mit ihrem Fall zu beschäftigen. Den Rest der Strecke bis Milford Haven wollte sie sich entspannen.
Sie öffnete die mitgebrachte Akte ‚McTinn' und begann, sich eine brauchbare Chronologie der Ereignisse anzulegen.

Keine Stunde später war sie damit fertig und überflog nochmals die von ihr notierten Daten und Fakten:

- ➢ Bernhard (Benny) McTinn † 17.07.1998?
  - zuletzt wohnhaft Wohnheim Carolina House
  - bis 04.1997 Kinderheim Carolina House
  - 1995 Beginn einer Druckerlehre
- ➢ Lennard (Lenny) McTinn z. Zt. vermisst
  - Zwillingsbruder von Bernhard / s. o.
  - 1995 Beginn einer Elektrikerlehre
- ➢ Vater: Davie McTinn † 1983
  - ab 1981 arbeitsunfähig wg. Lungenkrebs
- ➢ Mutter: Shona McTinn, geb. McLeod † 1986
  - Servierhilfe im ‚Black Swan' bis zu ihrem Unfalltod

Sie schaute kurz auf ihre Uhr. Bis zum zweiten Umsteigen in Crewe war es noch eine knappe Stunde. Sie kramte Notizblock und Stift aus ihrer Tasche hervor, notierte sich die fehlenden Fakten, griff dann zum Handy.

„ Chief Inspector Swan hier. Hallo, Miss Baker . . . Ja, alles in Ordnung . . . Nein, keine Probleme . . . Sergeant Lindsey anwesend? . . . Im Archiv? . . . Ach ja? Stellen Sie mich bitte durch . . . Danke . . . Sergeant Lindsey? Chief Inspector Swan hier . . . Sie könnten mir weiterhelfen . . . Nein, nein, Sie müssen nicht extra hier anreisen."

Sie spürte seinen leicht ironischen, ablehnenden Unterton ihr gegenüber.

„Die Akte McTinn ist leider nicht sehr ergiebig, es fehlen mir einige Details . . . Ich weiß, das ist nicht Ihre Schuld, aber Ihre Mithilfe wird hierbei eine sehr wichtige Rolle spielen."

Jetzt spürte sie, wie am anderen Ende die Stimmung spontan ins Positive umschlug.

Ihre Stimme wurde richtig honigsüß.
„Sergeant, Sie wären mir wirklich eine sehr, sehr große Hilfe. Ich benötige folgende Informationen, notieren Sie bitte …“
Nach dem Umstieg in Crewe machte sie es sich im Abteil bequem. Sie hatte jetzt genügend Zeit, um über den Fall nachzudenken. Aber irgendwas passte hier nicht zusammen, das spürte sie.

Die Aktenlage war dünn. Sie blätterte ihre Aufzeichnungen durch. Mit wem hatte sie es zu tun? Ben, Len oder doch ein Dritter?
Die letzte Möglichkeit schloss sie aus, denn die Fingerabdrücke waren identisch.
Wer von den beiden ist es? Sie ging nochmals die Möglichkeiten durch:

Die Fingerabdrücke in den Vernehmungsprotokollen sind richtig zugeordnet. Die aktuellen Fingerabdrücke sind also von Ben. Demnach wurde Len ermordet und Ben verschwindet spurlos.
Ist logisch.

Zweite Variante:
Die Fingerabdrücke sind vertauscht. Beide haben sich damals für den anderen ausgegeben. Die aktuellen Fingerabdrücke sind dann die von Len und nicht von Ben. Dementsprechend wurde Ben umgebracht und Len verschwindet spurlos.
Auch logisch.

Sie lehnte sich in den Sitz zurück, schloss die Augen. Wer von den beiden ist es? Sie versuchte die Bilder von damals, als sie die Leiche aus dem Wasser ziehen ließ, mit der jetzigen Situation in Einklang zu bringen. Ihre innere Stimme sagte: Ben!
Nach einer Weile öffnete sie wieder ihre Augen und war sich jetzt ziemlich sicher, dass Ben lebte und Len auf dem Balgay Cemetery in Dundee begraben war.
Demnach gäbe es noch eine dritte Variante.
Die Fingerabdrücke waren richtig zugeordnet, die aktuellen sind somit von Ben.
Ben ermordet Len, steckt ihm seine Papiere in die Jackentasche und verschwindet dann spurlos.

Und wieso tauchte der jetzt wieder auf?
Sie blickte auf die vorbeiziehende grüne walisische Landschaft und überlegte, wann sie zuletzt in Swansea war. Wenn es ihre Zeit erlauben würde, könnte sie auf der Rückreise einen Zwischenstopp einlegen.

Wexford Golf Club, Irland
Morgens 08:00 Uhr

Im Windschutz der verglasten Veranda vom Golfclub sitzend, sah er über das satte Grün des perfekt kurzgeschnittenen Rasens. Er hatte schlechte Laune. Der Deal drüben in Pembrokeshire war vorletzte Nacht total schiefgelaufen. Die Ware, das Geld, der Bote – verschwunden. Wie konnte das passieren? Steckte etwa die O'Brien-Gang dahinter? Er musste sich unbedingt Klarheit verschaffen. Zur Klärung würde er einen seiner zuverlässigsten Leute rüberschicken. Er griff zum Handy, wählte die Nummer von ‚Gentleman' Burns.

„Chef, was liegt an?"

„Geschäftsreise nach Milford Haven. Mir ist dort meine Ware, das Geld dafür und mein Bote abhanden-gekommen. Treib alles auf, du hast freie Hand."

„Okay, Chef. Wen oder was soll ich als Erstes finden?"

„Zuerst den Charly, nur der weiß, was mit der Ware gelaufen ist. Und dann finde raus, wer uns verpfiffen hat. Horch mal in Richtung O'Brien-Gang. Wäre nicht das erste Mal, dass wir mit denen Probleme haben."

„Und wenn ja, was dann?"

„Das lass mal meine Sorge sein. Treib erst mal Charly auf und bring ihn zum Reden. Um das andere kümmere ich mich beizeiten."

Er beendete das Gespräch und widmete sich, jetzt sichtlich entspannter, wieder der Betrachtung des perfekt geschnittenen Golfrasens.

Pembrokeshire Hospital, Wales
Morgens 08:00 Uhr

Ben lehnte sich ins Kopfkissen zurück.
Die Tränen, die er unter dem Verband weinte, sie blieben unsichtbar.
Er lebte.
War wieder da.
Er hatte wieder einen Namen.
Benny McTinn.
Hatte eine Vergangenheit.
Dundee.
Er hatte einen Bruder.
Lenny.
Und er hatte Schuld an seinem Tod.
Es war alles, alles wieder da.
Er schloss die Augen.
Sah und hörte all das Vergessene.
Alles war wieder da.
Alles.
.
..
...

Wie er nach Hause ins Wohnheim lief, in dem er zusammen mit seinem Bruder Lenny seit ein paar Monaten ein kleines Appartement bewohnte.

Total Recall

Wohnheim Carolina House, Dundee
Mittwoch, 15.07.1998
Abends 18:00 Uhr

„Len! Len!“
Ich nahm zwei Stufen auf einmal, riss die Wohnungstür auf. Len saß am Schreibtisch und bastelte an seinem Computer.
„Len, du glaubst ja nicht, was ich eben gesehen habe!“
Len blickte von seiner Bastelei auf.
„Was ist los, Ben? Du bist ja total aufgeregt.“
Ich ließ mich in den freien Sessel vorm Schreibtisch fallen.
„Len, ich hab's mit eigenen Augen gesehen!“
„Was gesehen?“
Len blickte mich jetzt neugierig an.
„Der MacBlunt treibt's mit seiner kleinen Stieftochter! Len, das ist gar nicht gut, das ist nicht richtig, weißt du!“
„Erzähl keinen Quatsch, Ben! Du musst dich irren.“
„Nee, nee, ich war ja bei denen im Haus.“
„Wieso das denn? Was hast'n da zu suchen?“
„Ich musste da noch das Päckchen mit den frisch gedruckten Formularen abliefern. Die waren erst zu Feierabend fertig geworden und MacBlunt sollte sie noch am selben Tag bekommen.“
„Und was hast du dann gemacht?“
Len war jetzt auf die Stuhlkante vorgerutscht und hörte mir gespannt zu.
„Da die Klingel anscheinend nicht ging, habe ich unten geklopft. Die Haustür war aber nicht richtig zu, da bin

ich rein und hab ‚hallo' gerufen. Dann hörte ich Geräusche aus dem oberen Stockwerk. So 'ne Art wimmern und – nein … nein, bitte nicht – und so."
Len legte den Lötkolben zur Seite.
„Ich bin dann langsam die Treppe hoch. War fast oben, da sah ich, die Zimmertür stand ja halboffen, seinen nackten Arsch und wie er über ihr hockte, nur mit T-Shirt an und sie immer wieder wimmerte – nein, nein, bitte nicht! –"
„Und dann?"
Len blickte mich gebannt an.
„Dann hob sie ihren Kopf, musste mich wohl gehört haben, blickte mich dabei mit angstvoll aufgerissenen Augen an."
„Und dann?"
„Ich wollte mich grade umdrehen und wieder weg, als der MacBlunt seinen Kopf drehte und zu mir hinsah."
„Und dann?"
„Ich rannte die Treppe runter und nichts wie weg … Len, das ist nicht gut, was der mit ihr da gemacht hat, das ist absolut nicht okay, Len."
Len stand auf, ging zum Fenster und schaute minutenlang auf die dunkle Straße hinaus.
„Die kleine Daisy? Nein, das glaube ich einfach nicht. Ben, du spinnt dir da was zusammen."
„Nein es stimmt!"
„Und wenn du dich geirrt hast? Und es war ganz anders?"
Ich stand jetzt neben ihm am Fenster, schaute ebenfalls auf die dunkle Straße.

„Len, ich weiß genau, was ich gesehen habe und das war nichts Gutes."
„Ben, vergiss es!"
Len wandte sich zur Tür.
„Es geht uns nichts an."
Er nahm seine Jacke vom Haken.
„Komm, wir gehen einen trinken. Heute ist Premier League, Dundee United spielt."
Ich murmelte etwas wie – wenn du meinst, okay –.
Den ganzen Abend über war ich nicht richtig bei der Sache, obwohl die Stimmung im Pub super war, Dundee lag in Führung.
Etwas rumorte in meinem Kopf.
Eine Idee.
Ein Plan.
Ein Vorhaben.
Ich lag die halbe Nacht wach.
War es richtig, was ich da vorhatte?
Wäre es nicht besser, wenn ich zur Polizei ginge?
Würden die mir glauben? Einem Waisenkind?
Aber wer glaubte schon uns Waisenkindern, besonders denen, die schon mal verhaftet und verhört wurden, mit Fingerabdrücken, Speichelprobe, Foto und so.
Ich fasste einen Entschluss und schlief endlich ein.

Postamt Strathmartine Rd, Dundee
Donnerstag, 16.07.1998

Am nächsten Morgen erzählte ich Len vorerst nichts von meinem Plan. Der Vormittag in der Druckerei zog sich endlos hin.
Punkt 12 Uhr zog ich den Arbeitskittel aus.
„Mister MacIntosh, ich mach jetzt Pause."
Mein Chef blickte von seiner Arbeit am Layouter auf.
„Okay, aber in einer Stunde spätestens biste zurück. Gibt noch genug zu tun für heute."
Seine ewig gleichen Worte hörte ich schon nicht mehr, da war ich bereits zur Tür raus.
Zur Strathmartine Rd waren es nur ein paar Minuten. Ich guckte von außen, ob das Postamt leer war und hatte Glück, denn um die frühe Mittagszeit war noch nichts los. Sicherheitshalber nahm ich das hintere Münztelefon, möglichst weit weg vom Postschalter.
Über die Sprechmuschel legte ich meinen Jackenärmel, um meine Stimme abzudämpfen. Dann wählte ich die Nummer vom Kings Cross Care Centre und ließ mich zu MacBlunt durchstellen.
„Elliot MacBlunt, was kann ich für Sie tun?"
„Ich hab alles gesehen …"
„Hallo, wer spricht da?"
„Ich hab genau gesehen, was Sie da gestern Abend gemacht haben …"
Er fiel mir ins Wort.
„Wer zum Teufel spricht da und was soll ich gestern gemacht haben?"

Allen Mut zusammennehmend rief ich in den Hörer:
„Ich hab genau gesehen, was Sie gestern da mit der kleinen Daisy gemacht haben! Sie Schwein!"
„Nichts hast du gesehen! Gar nichts!"
Er brüllte durch den Hörer zurück. Ich schluckte die in mir aufkommende Unsicherheit runter.
„Sie ist noch ein Kind, das ist verboten, was Sie da mit ihr gemacht machen."
Der Postbeamte schaute neugierig zu mir hin.
Ich war unbewusst lauter geworden.
MacBlunt spürte mein Zögern, drückte nach.
„Ich werde dich wegen Einbruch und Hausfriedensbruch verklagen. Damit das klar ist, in meinem Haus kann ich machen, was ich will, basta!"
Ich hatte mich wieder im Griff, senkte meine Stimme.
„Nein, Mr. MacBlunt, ich werde zur Polizei gehen und sie wegen Kindesmissbrauch anzeigen."
Ich spürte, wie er langsam seine Fassung verlor.
Erneut brüllte er in den Hörer:
„Du willst WAS? Du kleiner Scheißer?"
Ich ließ mich jetzt nicht mehr aus der Fassung bringen und konterte:
„Sie werden entweder dafür bezahlen oder ich gehe sofort zur Polizei!"
Ich konnte hören, wie es ihm die Stimme verschlug, er nach Luft schnappte, dann kurze Stille.
„Bezahlen? Wie??"
Ich setzte alles auf eine Karte.
„1000 £, wenn ich die Klappe halten soll."
Abermals Stille, er rang wohl um seine Fassung.

„1000 £? Bin ich etwa Scrooge McDuck?!“
Ich wiederholte meine Forderung.
„1000 £ in bar oder die Polizei!“
Aus dem Hörer waren jetzt schnaubende Geräusche zu hören, dann:
„Ich muss überlegen, brauche Zeit dafür.“
Ich spürte, dass ich ihn am Haken hatte.
„Ich rufe Sie heute um 17 Uhr an. Wenn nein – dann gehe ich zur Polizei.“
„Okay, okay, 17 Uhr.“
Ich legte auf. Ein Hochgefühl erfasste mich. 1000 £! Damit könnten Len und ich unsere Führerscheine bezahlen und vielleicht noch'n gebrauchten Wagen dazu.

Die Zeit bis 17 Uhr zog sich endlos dahin. Mein Chef murmelte kurz davor schon wieder was von – ob ich nicht länger bleiben könnte – aber ich machte ihm klar, dass ich einen wichtigen Termin habe.

Der Schalterbeamte, es war derselbe vom Mittag, schaute auf, als ich das Postamt wieder betrat, und verfolgte mich mit seinen Blicken. So, als wenn es etwas Unübliches war, die Post zweimal am Tag aufzusuchen. Zumindest hatte ich das Gefühl, dass er mich fortwährend beobachtete.
Ich wählte abermals die Nummer vom Kings Cross.
„Elliot MacBlunt, was kann ich für Sie tun?“
„Haben Sie die 1000 £?“
Sofort nahm seine Stimme einen schneidenden, scharfen Ton an.

„Ah hallo, du kleiner Erpresser …"
Ich fiel ihm gleich ins Wort:
„Haben Sie die 1000 £? Ja oder nein?"
„Schon gut, schon gut. Nur keine Aufregung."
„Ja oder nein?"
„Okay. Morgen Abend 22 Uhr. Am Kai der ‚King George V Wharf Road' liegt ein Trawler, die ‚Marie'. Da kannst du dir das Geld beim Kapitän abholen."

Zufrieden ging ich nach Hause. Len bastelte wie immer an seinem Computer rum.
„Len, wie wär's mit Führerschein und Auto?"
Er legte den Lötkolben beiseite und sah mich verständnislos an.
Ich erzählte ihm von meinem Vorhaben.

King George V Wharf Rd, Dundee
Freitag, 17.07.1998
Spät abends 22:00 Uhr

Ich ging zielstrebig auf die alten Docks zu. Len bummelte lustlos hinterdrein.
„Das ist doch scheiße, was du da vorhast."
Er ging jetzt neben mir.
„Da wird kein Schiff sein. Kein Käpt'n, kein Geld. Nichts. Dieser MacBlunt verarscht dich doch nur."
Ich schob meine Hände noch tiefer in die Taschen.
„Los, komm weiter!"
„Ben! Lass uns umdrehen, außerdem ist mir kalt."
Ich zog meine Jacke aus und reichte sie ihm.
„Hier, nimm!"
Ein paar Augenblicke später.
„Da! Da isses."
Ich zeigte auf den dunklen Schatten. Vor uns in der Dunkelheit am Kai lag ein unbeleuchteter Trawler.
„Na, was hab ich dir gesagt?"
Ich grinste breit, während Len das Schiff äußerst skeptisch beäugte.
„Auf diese Schrottkiste setze ich keinen Fuß!"
Ich blieb stehen, schaute Len an.
„Komm jetzt! Sei kein Frosch."
„Mann, den Kahn darfste nicht mal scharf angucken, dann säuft der ab."
Ich schubste Len nach vorn.
„Ben, der ganze Kahn ist keine 1000 £ wert. Lass uns die Sache hier vergessen."

Ich knurrte nur zurück.
„Weiter!“
„Wer da?“
Eine Stimme rief aus der Dunkelheit des Schiffes.
„Ben.“
– Das ist der MacBlunt – raunte ich Len zu.
„Mit wem sprichst du da?“
MacBlunts Stimme klang jetzt argwöhnisch.
„Das ist Len, mein Bruder.“
MacBlunt murmelte anfangs etwas Unverständliches, doch dann rief er zurück.
„Okay ihr zwei, kommt an Bord, nehmt das Fallreep mittschiffs.“
„Ben, mir gefällt die Sache nicht“,
flüsterte Len, schaute sich dabei ängstlich um.
„Komm Len, wir kassieren und sind dann gleich wieder weg.“
„Was ist jetzt?!“
MacBlunts Stimme klang jetzt ungeduldig.
Ich schubste Len Richtung Fallreep.

Der Kapitän blickte von seinen Seekarten auf, als wir zu dritt die Kajüte betraten.
„Bon soir, Messieurs. Willkommen an Bord von meine Schiff, die ‚Marie‘. Bitte setzen Sie sisch doch.“
Wir beide setzten uns dem Kapitän gegenüber auf die freie Bank. MacBlunt blieb neben der Kajütentür stehen.
Ich kam gleich zur Sache.
„Wo sind die versprochenen 1000 £?“
„Mon dieu, welsche Eile. So ein Geschäft will doch gebührend beschlossen und begossen werden.“

Er langte hinter sich, förderte vier Gläser sowie eine Flasche Cognac zutage und goss auch gleich ein.
„Wo ist das Geld?“
Ich blickte den Kapitän herausfordernd an.
„Ich will jetzt sofort die 1000 £! Nicht saufen!“
„Oui, oui.“
Der Kapitän strich sich über seinen Schnurrbart.
„Sollst du bekommen. Aber die gute Sitte an Bord will es, dass wir stets mit einem guten Schluck beginnen.“
Ich schnappte mir eins von den Gläsern und kippte den Cognac runter.
„So! Und jetzt das Geld!“
Der Kapitän lächelte.
„Du ‘ast es ja sehr eilisch, aber sollten wir nischt alle erst einmal getrunken ‘aben?“
Len sprang auf.
„Das ist mir jetzt zu blöd. Komm Ben, wir werden hier doch nur verarscht.“
Er riss die Kajütentür auf und lief hinaus. Augenblicklich kam Bewegung in MacBlunt und er lief ihm hinterher. Ich saß wie versteinert, noch mit dem leeren Glas in der Hand und blickte zur Tür.
Wenige Augenblicke später waren erst metallische, dann dumpfe polternde Geräusche an Deck zu hören.
Jetzt sprang auch ich auf und lief raus, der Kapitän langsam hinterher. Oben an der Treppe zum Deck stand MacBlunt mit einem blutverschmierten Schraubenschlüssel in der Hand und sah mich mit hasserfüllten Augen an.

„Käpt'n, schmeiße er mir diese beiden Erpresser auf See über Bord.“
„Wo ist Len? Was haben Sie mit ihm gemacht?“, schrie ich und schickte mich an, die Treppe hochzusteigen.
Auf halber Höhe angekommen versetzte MacBlunt mir einen heftigen Fußtritt ins Gesicht.
Ich versuchte reflexartig mein Gesicht mit den Händen zu schützen, verlor dabei den Halt, kippte nach hinten und stürzte kopfüber nach unten.

Ben und Daisy I

Pembrokeshire Hospital, Wales
Mittwoch, 29.10.2003
Vormittags 09:00 Uhr

Ben schreckte schweißgebadet aus seinen Erinnerungen hoch. Sein Herz raste wie wild. Jeder Herzschlag hörte sich an wie …MacBlunt …MacBlunt …MacBlunt …MacBlunt …MacBlunt …MacBlunt. Dabei sah er fortwährend dessen hasserfüllten Blick vor sich.

Er öffnete seine Augen, doch er konnte noch immer nichts sehen, alles war dunkel. Wo war er? Nur das schnelle Piepen eines Kontrollmonitors war zu hören. Dann fiel es ihm wieder ein, er lag in Wales im Krankenhaus.
Er rief in die Dunkelheit.
„Daisy! Daisy, bist du da?"
Keine Antwort.
Erschöpft lehnte er sich zurück.

Daisy musste sich, als sie sein Zimmer verlassen hatte, erst einmal im Flur an die Wand lehnen, um nicht umzufallen.
– Ben. Verdammt! Ben –
dachte sie.
– Warum holt die Vergangenheit mich grade jetzt, hier und heute ein? –
Ihre seelischen Narben waren kaum verheilt und nun genügte ein Name, um alles wieder aufbrechen zu lassen.
– Ben –

Sie hatte gehofft, nie wieder daran erinnert zu werden, an das, was ihr damals in Dundee passiert war. Und jetzt lag da ein Mann auf der Station, der behauptete, Ben McTinn zu sein.
Um sich wieder zu beruhigen, schaute sie sehr lange auf das Bild ihr gegenüber an der Wand. Es zeigte eine in der Abendsonne friedlich grasende Zebraherde auf der afrikanischen Savanne.
Sie schloss ihre Augen, atmete dann dreimal tief ein und aus. Tante Evelyn hat ja recht, niemand kann seiner Vergangenheit entfliehen.
Sie blickte nochmals auf das Bild, versuchte die Ruhe, Wärme und Weite der Landschaft in sich aufzunehmen, dann ging sie in den Behandlungsraum, um Verbandsmaterial zu holen.

Leise öffnete sie die Zimmertür.
„Hallo, Ben, bist du wach?"
„Ja, Daisy. Du bist zurück, das ist gut."
Erst jetzt schaltete sie die Deckenbeleuchtung ein.
„Ich werde dir jetzt den Verband abnehmen. Es kann sein, dass das Licht dich blendet. Lass bitte erst mal Deine Augen zu."
Vorsichtig löste sie seinen Verband. Brav hielt er die Augen geschlossen und ließ sie gewähren. Behutsam reinigte sie den Narbenbereich von Blutspuren, säuberte Stirn und Augen. Dabei betrachtete sie sein Gesicht und war sich jetzt fast ganz sicher, Ben vor sich zu haben.
Oder doch Len?
„Du kannst jetzt deine Augen vorsichtig öffnen."

Er tat es und musste sie sogleich wieder schließen. Das Licht blendete so sehr, dass ihm die Tränen in die Augen schossen. Er wagte einen zweiten Versuch, blinzelte aber nur noch durch seine feuchten Augen.
„Wow, Daisy. Eine Göttin in Weiß mit Lichterkranz."
„Das wird sich gleich ändern. Augen zu!"
Vorsichtig tupfte sie seine Augen trocken. Dann begann sie ihm einen neuen Kopfverband anzulegen.
„Die im OP haben gute Arbeit geleistet. Hast Schwein gehabt, die Wunde ist nicht allzu groß und keine inneren Verletzungen. So steht's zumindest in deiner Patientenakte. Nicht so wie bei deinem Bruder damals. Der soll ja eine schwere tödliche Kopfverletzung gehabt haben. Die Augen werde ich dir nicht verbinden. Oder doch?"
Trotz der noch vorhandenen starken Kopfschmerzen musste Ben lachen.
„Untersteh dich. Es ist gut, dich zu sehen."
„Okay, der Patient ist König. Aber mal im Ernst, Ben…"
Ihre Stimme nahm jetzt einen ernsten Unterton an.
„Was hast du all die Jahre getrieben? Wo warst du? Wieso lebst du und Len ist tot?"
Ihre Neugierde war jetzt größer als die Angst vor den Schatten ihrer Vergangenheit.
„In deiner Patientenakte steht nämlich nicht dein Name, aber etwas von einem Verdacht auf Drogenschmuggel. Außerdem war die Polizei hier, sie hat von dir Fingerabdrücke und Blutproben genommen."
Er zuckte zusammen.
„Gestern? Aber meinen Namen kennen die nicht?"

„Nein, ich bin hier wohl die einzige, die deinen Namen kennt."
Ben überlegte kurz. Allzu lange konnte er hier nicht bleiben. Er brauchte einen Plan und vor allem Hilfe, also druckste er jetzt herum.
„Du, das ist eine sehr lange Geschichte."
„So? Dann erzähl sie mir, ich werde dir zuhören."
„Sie hat aber auch mit dir zu tun."
Daisy schluckte trocken, blickte ihm dabei in die Augen, dann nickte sie. Jetzt musste sie da durch.
„Erzähl. Bitte! Ich will es wissen."
Sie zog einen der Besucherstühle nah ans Bett und setzte sich. Ihm blieb nun nichts anderes übrig und so erzählte er ihr die Geschehnisse von dem Mittwoch an, der alles veränderte.
Von dem, was er bei ihr zuhause an dem Abend gesehen hatte. Von seinem Plan, seiner Geldgier.
Wie MacBlunt ihn und Len auf den Trawler gelockt, dort Len erschlagen und wohl auch gleich über Bord geworfen hatte. Dass er die versprochenen 1000 £ nicht bekommen hatte. Dafür aber von ihm die Treppe heruntergestoßen worden war und dabei sein Gedächtnis verloren hatte.
Er wollte gerade weitererzählen, als das Alarmtableau über der Tür zu blinken begann.
„Ben, stopp, ein Notfall. Ich muss sofort nachsehen. Erzähl bitte nachher weiter."
Sie hatte von jetzt an alle Hände voll zu tun. Die restlichen Patienten hielten sie voll auf Trab.

Erst als der Tagesdienst erschien und ihr half, konnte sie eine Pause einlegen. Sie zog sich ins leere Schwesternzimmer zurück und starrte lange auf die weiße Wand ihr gegenüber.
Langsam begann sie das vorhin gehörte zu realisieren.
– Was wurde hier mit ihr gespielt? –
– Was von dem, was Ben ihr erzählt hat, stimmte und was nicht? –
– War sie für ihn nur ein Tauschobjekt gewesen? –
– Ihre Vergewaltigung gegen 1000 £? –
Sie fühlte sich benutzt, schmutzig und traurig.
Weinkrämpfe begannen sie zu schütteln.
Sie schlug die Hände vors Gesicht, wollte die alten Bilder, die wieder in ihr aufstiegen, sie regelrecht überfluteten, nicht sehen, aber sie waren da.
Nach einer Weile ebbten sie ab und eine große Welle der Wut begann jetzt in ihr aufzusteigen.
Was sollte sie von alledem denken?
– Hatte sich das Schwein tatsächlich mit 1000 £ von Ben freikaufen wollen und dabei Lenny umgebracht? Hat Ben doch das Geld bekommen? Wo war er all die Jahre abgeblieben? Und wieso taucht er hier in Wales und nicht in Dundee wieder auf? Hat er tatsächlich etwas mit Drogen zu tun? –
Die Dinge um sie herum gerieten in Bewegung und sie spürte, dass sie ein Teil davon war.

Die Vergangenheit hatte sie jetzt voll eingeholt.
So weh es ihr auch tat, sie musste Klarheit haben.
Sie trat vors Waschbecken und schaute in den Spiegel.
„Mein Gott, sehe ich verheult aus!“

Kaltes Wasser musste zum Erfrischen ausreichen. Danach schaute sie nochmals prüfend in den Spiegel.
„Okay, DDee, lächeln."
Sie setzte wieder ihr professionelles Lächeln auf, betrat den Flur und ging in Richtung Bens Zimmer.

Kaum war Daisy aus dem Zimmer, klopfte bei Ben das schlechte Gewissen an.
– Du hast ihr nicht geholfen. –
– Du bist einfach weggerannt. –
– Du hast ihre Scham und Not ausgenutzt. –
– Du hast nur an das Geld gedacht. –
– Und du hast Lens Tod verschuldet. –
Er sah auf seine Hände, die teilnahmslos auf der Decke lagen. Ihm war, als sähe er an ihnen das Blut seines Bruders kleben. Er hasste sich für das, was er getan hatte, aber er hatte ihr die Wahrheit erzählt.
Doch das schlechte Gewissen grinste in schief an.
– Wie willst du denn das alles wieder gutmachen? –
– Vergangenes lässt sich nun mal nicht reparieren. –
Er ballte seine Hände zu Fäusten und schwor sich, die Schuld zu tilgen, die auf seiner Seele lastete.
Er faltete seine Hände und sprach zu Len.
„Len, bitte hasse mich nicht für das, was ich dir angetan habe. Ich komme, um mein Versprechen einzulösen. Ich hole dich aus dem tiefen Loch raus."

Langsam begann sein Kopf wieder normal zu arbeiten. Er musste unbedingt nach Dundee, zu Len.
Außerdem war klar, er musste von hier schnellstens verschwinden. Denn wenn etwas bei einem Deal schief-

läuft, dann schicken sie Burns. Und es war für ‚Charly' so ziemlich alles schiefgelaufen. Keine Ahnung, wieso, aber er konnte darauf wetten, dass Burns bereits im Anmarsch war.
Seine einzige Überlebensgarantie wäre, wenn die Hauptlieferung noch im Versteck läge. Negativ, wenn das Versteck leer war. Er hatte zur Sicherheit nur ein paar kleine Proben bei sich gehabt. Egal wie, das Pflaster hier wurde zu heiß für ihn.
Er musste unbedingt diesen ‚Charly' verschwinden lassen und wieder zu Ben werden, aber wie? Kein Geld, keine Papiere, nicht mal Klamotten, nichts.
Ihm war klar, ohne Mithilfe von Daisy war er aufgeschmissen, war es ihm unmöglich, von hier wegzukommen. Aber wie nur konnte er sie überzeugen, der Ben zu sein, der wieder ein normales Leben führen möchte, ohne ständige Angst und Schuldgefühle? Sicher war er sich nicht, sie davon überzeugen zu können.
Da er nicht mehr verkabelt war, stieg er vorsichtig aus dem Bett. Leicht wackelig auf den Beinen ging er zum Waschbecken, schaute in den Spiegel und schreckte vor seinem Doppelbild zurück.
Er sah sich zweimal! Oder…? … Len war da.
„Len! Bitte verzeih mir. Ich hab viel Scheiß gebaut."
Ihm wurde schwindelig. Er versuchte noch, sich am Waschbecken festzuhalten, sackte dann aber zusammen.

Als sie die Zimmertür öffnete und ihn da liegen sah, hatte sie beinahe so etwas wie Mitleid mit ihm. Sie fühlte seinen Puls und sah, dass die Lebensgeister wieder in ihn zurückkehrten.

„Ben, alles okay? Dann jetzt mal hoch mit dem Arsch. Wer hat dir erlaubt, das Bett zu verlassen?"
„Das war Len. Ich muss zu ihm."
„Okay! Aber immer alles schön der Reihe nach."
Sie half ihm hoch und bugsierte ihn ins Bett zurück.
„So, und jetzt erzählst du mir die ganze Geschichte!"
Er spürte, jetzt kam die Stunde der Wahrheit.
„Nach meinem Treppensturz auf dem Trawler hatte ich, nachdem ich wiedererwacht war, komplett alles vergessen, was davor war. Meinen Namen, einfach alles. Es gab Ben und seinen Bruder Len nicht mehr. Ich war auf einmal Charly. Verstehst du das, Daisy? Plötzlich war ich Charly, der Charly, der keine Vergangenheit, keine Erinnerungen, nichts hatte."
Sie schob einen Besucherstuhl näher ans Bett und setzte sich.
„Dann erzähl mir doch einfach das, was danach kam, als du nur noch der ‚Charly' warst."
Ben setzte sich aufrecht, schloss die Augen und begann seine Geschichte weiterzuerzählen.

.

. .

. . .

Verschleppt nach Afrika

Nordsee
Samstag, 18.07.1998
Abends 20:00 Uhr

Als ich erwachte, gelang es mir nicht, die Augen zu öffnen. Ich vernahm nur ein nasses Platschen und spürte am ganzen Körper ein Vibrieren.
Wieder trat Stille ein.
Nach unbestimmter Zeit nahm ich abermals meine Umgebung wahr. Vorsichtig öffnete ich meine Augen, drehte meinen Kopf in Richtung des Geräusches und nahm im schummrigen, trüben Licht schemenhaft die Kontur eines verschmutzten Bullauges wahr. Gischt und Wasser spritzten dagegen. Mein Kopf schmerzte und ein dumpfes Vibrieren durchdrang weiterhin meinen Körper. Da mir meine Lage unerklärlich war, schaute ich mich langsam um und versuchte etwas Bekanntes zu erblicken. Nichts! Keine Erinnerungen, alles erloschen! Ich suchte eine Erklärung für diese Situation, aber mein Kopf fühlte sich nur schwer und leer an. Ich versuchte mich aufzurichten, um sogleich wieder auf mein Lager zurückzukippen.
– Wo bin ich? – stellte ich mir die stumme Frage und versuchte abermals aufzustehen. Nur mit Mühe Gleichgewicht haltend, ging ich schwankend auf die Kabinentür zu und versuchte, sie zu öffnen. Sie war verschlossen. Rütteln und klopfen blieben ohne Antwort.
– Was war das hier? – Ich konnte mir keinen Reim darauf machen, setzte mich darum wieder zurück auf die

Kojenkante. Wenige Augenblicke später öffnete sich die Kabinentür.

„Ah, der Monsieur sein wieder wach. Bonjour."
Eine bärtige Gestalt in Kapitänsuniform, die fast den gesamten Türrahmen ausfüllte, lächelte mich an.
„'Aben Monsieur einen Wunsch?"
Ich sprang von der Kojenkante auf, machte einen Schritt auf die uniformierte Gestalt zu.
„Wo bin ich? ... Wer sind sie? ... Und was mache ich hier?"
„Oh Monsieur, 'aben viele Fragen. Kommen Sie mit zu meine Kajüte, Sie 'aben bestimmt 'unger und Durst. Isch werde beantworten dann Ihre Fragen."
Er drehte sich um und verschwand im Halbdunkel des Ganges. Ich stolperte ihm nach.
Der heiße Kaffee tat gut und belebte. Ich blickte fragend über den Becherrand zum Bärtigen. Dieser zauberte jetzt ein eisiges Lächeln hervor.
„Nun, Monsieur wundern sisch 'ier zu sein? Monsieur wissen nischt mehr wie gestern 'ier auf meine Schiff gekommen?"
Ich schüttelte meinen schmerzenden Kopf.
„Nein, wo bin ich hier?"
Der Bärtige schaute mich leicht erstaunt an.
„Mon dieu. Muss gekommen sein von die Sturz. Wie bedauerlisch."
„Welcher Sturz?"
„Monsieur 'aben alles vergessen? Das ist nischt gut."
Der Kapitän fixierte mich jetzt mit den Augen.

„Nun, dann isch werde Monsieur sagen, wer und was. Isch bin Kapitän von dieses Schiff. Mein Name ist Raymond de Montparnasse. Willkommen an Bord von die ‚Marie'."
Dabei erhob er sich und reichte mir seine Pranke quer über den Tisch.
„Und wie ischt Ihr Name?"
Ich erhob mich, wollte ebenfalls die Hand ausstrecken, zögerte dann aber.
„Ich … ich … ich weiß es nicht!"
Hilfloses Entsetzen machte sich in mir breit.
„Oh, welch Grand Malheur, 'at vergessen Namen. Warum nischt schaun in Ihre Passport? Monsieur 'aben doch eine?"
Hastig begann ich meine Taschen zu durchsuchen. Nichts! Außer etwas Kleingeld, Papiertaschentücher, Kaugummis und zwei Schlüssel.
Fragend sah ich den Kapitän an.
„Wissen Sie denn, wie ich heiße?"
Ein schiefes Grinsen zog übers Kapitänsgesicht.
„Me qui, Sie wurden genannt Charly."
„Charly? Charly wer?"
„Isch weiß nischt, wurde nur gesagt Charly."
Resigniert setzte ich mich wieder.
„Charly", murmelte ich halblaut vor mich hin.
„Ah qui, Monsieur wurden genannt nur Charly."
Der Kapitän bestätigte und irgendwie klang es jetzt für uns beide glaubhaft.
„Essen und trinken Sie erst mal, dann wird schon kommen die Erinnerung zurück."

Er schob mir etwas Weißbrot, Butter und das halbvolle Marmeladenglas rüber.
„Messer und Brett ischt in die Schublade von die Tisch."
Der Kapitän hatte recht. Ich aß mit großem Appetit. Dann und wann hielt ich beim Kauen inne und murmelte
– Charly –
Ein schnarrendes Klingelzeichen durchbrach unser sonstiges Schweigen. Der Kapitän erhob sich.
„Pardon, aber die Pflischt ruft."
Er ging die paar Schritte zur Bordsprechanlage gleich neben der Kabinentür und meldete sich:
„Was liegen an?"
Aus dem Lautsprecher schnarrte es:
„Kursus apa, kapten?" [1]
„Ke Tangerang." [2]
„Tangerang?"
„Kami mengisi bahan bakar di sana." [3]
„Bagus." [4]
„Kemudian ke Pelabuhan Tarfaya." [5]
„Aye."
Ich verstand kein Wort, bis auf aye. Ich schob Brett und Messer von mir weg.
„Ich will wieder an Land!"
„Non, Monsieur Charly, das ist nischt gut für Sie. Isch erledigen meine Auftrag mit Sie."

---

1 „Welcher Kurs, Kapitän?"
2 „Nach Tanger."
3 „Dort tanken wir auf."
4 „Gut."
5 „Dann zum Hafen von Tarfaya."

Seine Augen nahmen jetzt einen verschlagenen Ausdruck an.
Ich sprang auf.
„Ich-will-an-Land!“
Kapitän Raymond hob beschwichtigend die Hand.
„Monsieur können nischt zurück an Land. Werden gesucht dort von die Polizei.“
„Polizei? Ich? … Warum?“
„Polizei Sie suchen als Mörder.“
„Mörder? Mich??“
Fassungslos starrte ich den Kapitän an.
„Oui, ‘aben umgebracht eine andere Mann. Dann Sie kommen auf meine Schiff und Geld gegeben, damit isch bringe Sie weit fort.“
„Ich? … Wen? … Welchen Mann? … Wo? … Warum?“
Stotterte ich. In meinem Kopf war nur noch Chaos.
„Isch nix wissen, was vor‘er, nur Sie kommen an Bord und wollen weit fort.“

Der Kapitän blickte mich mit ausdrucksloser Miene an. Für ihn war klar, dieser Bursche da vor ihm hatte einen kompletten Blackout, eine retrograde Amnesie. – Nun gut – dachte der wohl bei sich, – der wird mir damit umso weniger Schwierigkeiten machen –. Seine Miene nahm einen gewinnenden Ausdruck an.
„Wir müssen jetzt machen das Beste aus die Situation. Isch werde Monsieur wieder ‘elfen an Land.“
Ich, immer noch im Chaos verfangen, sah ihn an.
„Wie? … Wo?“
Kapitän Raymond setzte jetzt sein bestes Lächeln auf.

„Sie lassen misch nur machen ein gutes Ende von diese Sache."

Er erhob sich und ging zur Tür.

„Werde morgen wissen mehr."

Die Tür schloss sich hinter ihm.

Ich saß da und blickte lange durchs Bullauge, wogegen die Wellen unablässig ihre Gischt sprühten. Meine Gedanken wirbelten dabei durcheinander wie Puzzleteile im Wind. Sie passten nicht zusammen, ergaben keinen Sinn. An nichts von dem, was der Kapitän mir gesagt hatte, konnte ich mich erinnern.

In der Biskaya
Montag, 20.07.1998
Mittags 12:00 Uhr

Ich schreckte hoch. Mir war schlecht.
Eine unsichtbare Faust bohrte sich in meinen Unterleib, drückte den Magensaft nach oben. Speichel sammelte sich in meinem Mund. Gerade noch rechtzeitig konnte ich den Wassereimer neben dem kleinen Waschbecken erreichen, bevor ich mich darin übergab.
Das Schiff stampfte und schlingerte. Vor lauter Wasser und Wellengang war der Horizont durch das Bullauge nicht mehr sichtbar.
Ich schnappte nach Luft, als sich auch schon der nächste Mageninhalt in den Eimer ergoss.
Ich schaute in den kleinen ungeputzten Spiegel neben der Kabinentür und erschrak.
Zwei blasse Gesichter starrten mich an.
„Oh Scheiße, ich sehe alles doppelt" keuchte ich und mein Magen meldete sich abermals.
– Luft! – dachte ich nur noch – frische Luft! –

Ich zog mich die steile Treppe nach oben ans Deck hoch. Doch kaum, dass ich die Außentür geöffnet hatte, kotzte ich auch schon gegen den Wind.
Der Schiffsbug tauchte in die nächste Welle, brach sie und sie überschüttete mich.
Hinter mir tauchte der Kapitän auf, zog mich zurück und schloss die Tür.
„Seekrank! Sie müssen liegen bleiben, ist das Beste. Wir queren gerade die Biskaya, die ist wie immer ein

bisschen ungemütlich. Wenn wir sind am Cabo Fisterra, alles wird besser."

Ich nickte nur matt. Der Kapitän lächelte milde.

„Wenn kotzen draußen, dann immer mit die Wind auf die Leeseite."

Ich rannte auf Lee.

🌐 Auf dem Atlantik
Mittwoch, 22.07.1998
Später Vormittag 11:00 Uhr

Als ich wieder erwachte, war die Faust im Magen verschwunden. Ich schwang mich aus der Koje, zwar ein wenig wackelig auf den Beinen, aber ansonsten ganz okay. Das Schiff hatte jetzt eine angenehmere Gangart, ein sanftes Gleiten und Schaukeln.
Ich schaute aus dem Bullauge.
War es morgens oder abends?
Mein Magen meldete sich jetzt.
Hunger! Ich stieg nach oben.
Im Ruderstand, dort neben dem Kapitän, sah ich erstmalig einen von der Besatzung am Steuerruder stehen. Der Kapitän bemerkte mich und nickte mir zu.
„Bonjour, Monsieur Charly, wieder gesund?“
Ich nickte nur.
„Darf isch vorstellen, meine Steuermann Cahaya.“
Der drehte nur kurz seinen Kopf, musterte mich, nickte ebenfalls, um dann gleich wieder nach vorn zu sehen.
„Wo sind wir? Und wohin fahren wir?“
Kapitän Raymond blickte auf die vor ihm liegende Seekarte.
„Wir ‘aben passiert ‘eute Morgen Cabo Fisterra. Da an die Backbordseite man kann schon sehen die Lischter von Porto.“
Ich blickte in die angegebene Richtung.
„Da bringen Sie mich hin?“
Der Kapitän schüttelte den Kopf.

„Non, nischt da'in."
Er gab dem Steuermann ein paar unverständliche Anweisungen, dann wandte er sich mir zu.
„Spreschen gleisch weiter, unten in meine Kajüte."
In der Kajüte stellte der Kapitän mir sogleich Brot, Butter und Käse auf den Tisch.
„Monsieur 'aben bestimmt wieder Appetit nach so viel seekrank."
Ich griff beherzt zu.
Nach einer Weile beiderseitigen Schweigens eröffnete Kapitän Raymond das Gespräch.
„Isch kann Monsieur Charly nischt bringen zurück nach England, dann wir alle 'aben Probleme. Viele Fragen, viele Probleme. So isch muss finden eine Kompromiss zu leben für uns beide. Ist nischt einfach, aber Lösung wird kommen."
Dabei ging er vor dem Tisch unablässig auf und ab.
Doch dann, plötzlich, schlug seine Mine von besorgt in Freude um.
„Kapitän Raymond de Montparnasse 'aben die Lösung. Monsieur Charly müssen 'aben neue Papiere mit seine Namen und Stempel."
Ich war mittlerweile fertig mit dem Essen.
Verständnislos schaute ich ihn an.
„Wie Papiere mit Stempel?"
„Wenn 'aben keine Passport, dann wir brauchen andere Papiere mit Stempel. Dann ist Name wieder korrekt und gültisch."
Gegen diese strenge Logik war nichts einzuwenden und ich nickte zustimmend.

„Müssen nur noch finden Name von die Familie und Stadt von Monsieur Charly, dann wir können kaufen Papiere mit Stempel und alles wieder gut."
„Aber ich habe kein Geld!"
Fragend blickte ich ihn an.
„Pas de problème. Isch werde schon machen für Sie. Morgen wir werden erreischen Tanger, müssen dort meine Schiff auftanken. Dort isch werde arrangieren alles. Monsieur müssen jetzt 'aben Geduld. Aber Monsieur können, wenn zu viel Langeweile, 'elfen an Bord."
„Wie helfen?"
„Cahaya, meine Steuermann, dir sagen was zu tun."
Ich überlegte kurz. Alles schien besser zu sein, als in der Kabine zu hocken, die immer noch nach meiner Kotze roch.

Tanger, Marokko
Donnerstag, 23.07.1998
Abends 20:00 Uhr

Zum späten Abend hin erreichten wir Tanger. Der Kapitän steuerte jetzt höchstpersönlich das Schiff an den ihm zugewiesenen Liegeplatz. Ein Tankboot kam längsseits. Nach kurzem Palaver wurde Treibstoff gebunkert. Ich kam jetzt an Deck, um mir das anzusehen. Der Kapitän pfiff mich sofort zurück.
„Vite vite unter Deck, darf Sie niemand sehen 'ier."
Wenig später spürte ich, wie das Schiff wieder ablegte, wendete und wieder Fahrt aufnahm. Ich stürmte zurück an Deck.
„Was ist das für ′ne Scheiße? Ich denke, ich soll hier an Land gehen?"
„Non, Monsieur Charly. Isch 'aben gesagt, isch werden 'ier alles arrangieren. An Land gehen ist 'ier zu gefährlisch."
„Wo denn?"
„Müssen weiter nach Süden. Papiere dort besser."
„Okay, wie lange noch?"
„Drei Tage; Afrika groß."

Port Tarfaya, Westsahara
Montag, 27.07.1998
Abends 20:00 Uhr

Wir erreichten den kleinen Hafen noch vor Sonnenuntergang. Kapitän Raymond zeigte auf das Städtchen.
„Wir sind da."
Er gab seinem Steuermann ein paar kurze Anweisungen. Der nickte nur kurz.
„Monsieur Charly gehen jetzt mit Cahaya an Land."
„Wohin?"
„Papiere holen. Cahaya wird zeigen wo."
Wir gingen die kurze Kaimauer entlang, bogen dann rechts ab direkt auf die kleine Stadt zu. In einer Quergasse links deutete Cahaya auf das ‚Café Couscous'. Wir nahmen Platz. Die Bedienung brachte uns auf Cahayas Wink hin zwei Cola. Er zahlte gleich und erhob sich.
„Du hier warten."
Dann verschwand er im Dunkel der schmalen Seitengasse. Nach einer gefühlten Ewigkeit wurde ich unruhig. Ich rutschte auf meinem Stuhl hin und her, irgendetwas stimmte hier nicht. Ich entschloss mich aufzustehen. Die Bedienung sah zu mir hin. Ich deutete auf den Stuhl neben mir und machte eine fragende Geste.
Die Antwort war lediglich ein desinteressiertes Schulterzucken. Ich lief wieder auf die Straße, schaute rechts und links an den trostlosen Häusern entlang.

Nichts! Ich beschloss wieder zurück Richtung Hafen zu laufen, zurück zum Schiff. Unten am Hafen angekommen, durchzuckte es mich wie ein Blitz. Die ‚Marie' lag nicht mehr da, der Liegeplatz war leer. Verzweifelt blickte ich um mich, aber in dem Hafenbecken war keine ‚Marie' zu sehen.

Ich musste mich setzen.

Jugendliche, die unter einer Laterne Fußball spielten, sahen mich neugierig an.

Ich zeigte auf die leere Stelle am Kai.

„Wo ist das Schiff?"

Ein Junge begriff, was ich meinte und zeigte aufs Meer.

„Ship parti, ship parti."

Und tatsächlich, in der Dunkelheit war die Heckbeleuchtung der ‚Marie' noch erkennbar. Ich schaute ihnen hinterher, total unfähig einen Gedanken zu fassen.

Dann klappte ich wie ein leerer Seesack zusammen.

Ich schloss die Augen.

Jetzt war ich ein Niemand, mit nichts als dem, was ich am Leibe trug. Kein Zuhause, irgendwo in Afrika, ohne Geld und Namen.

Mich fror und ich begann zu zittern.

„Hey buddy, what's wrong with you? "

Ich öffnete meine Augen. Neben mir stand ein braungebrannter Hüne von Mensch mit strohblonden Haaren und beugte sich mit sorgenvollem Gesicht über mich.

„Everything OK?"

„Ja … nein. Das … das Schiff ist ohne mich weg."

„Oh, das hört sich nicht gut an. Aber hier kannst du nicht bleiben. Zu gefährlich diese Gegend hier. Steh erst mal auf."
Der Riese reichte mir seine Hand.
„Dein erster Schritt in die neue Zukunft. Die alte kannst du nicht mehr ändern. Ich bin übrigens Chuck."
„Ich heiße Charly, glaube ich jedenfalls."
„Schon okay, da hinten steht mein Land Rover. Wir sollten von hier verschwinden, bevor die Militärpolizei aufkreuzt und uns Fragen stellt. Außerdem solltest du dir für hier passendere Klamotten zulegen. Deine sind zu auffällig, unpraktisch und außerdem stinken sie."
„Aber ich habe kein Geld, um neue zu kaufen."
Chuck lachte, sodass ich im Laternenlicht seine Goldkronen im Mund blitzen sah.
„Nicht kaufen, tauschen! Wir sind hier in Afrika. Deine Jeans und die fast neuen Sneakers werden wohl dafür reichen."
Ein paar Straßen weiter, in einem der kleinen Basarläden, waren schnell gebrauchte Hemden und Shorts sowie robuste Boots für mich gefunden.
„Okay Charly, es wird Zeit für uns, von hier zu verschwinden."
Chuck startete den Motor, wendete und bog dann am Ende der Straße nach links gen Süden ab.
Der aufkommende Saharawind wirbelte ersten feinen Staub auf und ließ uns darin verschwinden.

…

..

.

Ben und Daisy II

Pembrokeshire Hospital, Wales
Mittags 12:00 Uhr

Daisy sah ihn mit großen Augen an.
„Und jetzt kommt Afrika?"
„Ja, Daisy, ich war in Afrika gestrandet."
„Erzähl mir bitte davon."
Vor ihrem inneren Auge sah sie die friedlich grasende Zebraherde in der afrikanischen Savanne.
„Später, Daisy, später. Ich …"
Es klopfte, der Essensservice schaute zur Tür herein.
„Wie sieht's mit Essen aus? Heute gibt's Shepherd's oder Fisherman's Pie und als Nachtisch Spotted Dick."
Ben lief bei diesen Namen das Wasser im Mund zusammen.
Hunger! Er hatte seit zwei Tagen nichts gegessen.
Daisy erhob sich.
„Iss erst mal in Ruhe, ich schau später wieder rein."

Allein im Zimmer, versuchte er sich beim Essen sein weiteres Vorgehen zu überlegen. Er hatte sich für Fisherman's Pie und den Nachtisch entschieden.
Um von hier wegzukommen, bräuchte er seine Klamotten, etwas Geld und einen Wagen. War er erst einmal in Dundee, würde er sich schon irgendwie weiterhelfen können. Daisy musste ihm das alles unbedingt besorgen.
Wieder tauchte Lens Gesicht vor ihm auf und er hörte seine stumme Frage:
– Holst du mich aus dem dunklen Loch raus? Du hast es mir doch versprochen –

Sein Blick fiel auf den Wandkalender und ein Wort sprang ihm sofort ins Auge: ‚Halloween'!
Freitag war Halloween.

Ja, jetzt erinnerte er sich wieder daran, wie Pater Brennan ihnen als Waisenkindern erklärt hat, dass der 31. Oktober für die Schotten immer Anlass zum Feiern ist, wegen All Hallows´ Eve, dem heutigen Halloween, und dass es auf das alte keltische Fest Samhuinn zurückgeht.

Die abergläubischen Kelten sahen diese Periode ja als eine Übergangszeit an, in der die Trennung zwischen der Welt der Lebenden und der Welt Toten besonders dünnwandig war. In dieser Zeit soll es den Toten leichter fallen, wieder Zugang zur Welt der Lebenden zu finden.

Len sah ihn fragend an. Ben wiederholte halblaut seinen letzten gedanklichen Satz.
„In dieser Zeit fällt es den Toten leichter, wieder Zugang zur Welt der Lebenden zu finden."
Len sah ihn weiterhin fragend an.

Ben schloss die Augen, um sich all das vorstellen zu können, und eines von Pater Brennans Bibelzitaten kam ihm dabei in den Sinn:
– Und wer seinen Nächsten verletzt, dem soll man tun, wie er getan hat, Schade um Schade, Auge um Auge, Zahn um Zahn; wie er hat einen Menschen verletzt, so soll man ihm wieder tun –
Er ballte seine Fäuste und Wut stieg in ihm hoch. Verdammte Scheiße noch mal! Büßen muss er, dieser Dreckskerl, für das, was er Len angetan hat.

Als er seine Augen öffnete, war Len verschwunden. Stattdessen mahnte ihn seine innere Stimme.

– Aber bist du nicht mitschuldig an Lens Tod und willst jetzt selber einen Mord begehen? Das macht nichts besser und Len nicht wieder lebendig. Damit lädst du nur noch mehr Schuld auf dich –

Er starrte wieder auf den Kalender.

Halloween - Samhuinn.

Nein, keinen Mord, aber irgendwie musste er Lens Seele aus der tiefen Dunkelheit befreien.

Eine Idee machte sich in ihm breit.

Er lehnte sich zurück und wartete auf Daisy.

Kurz vor Schichtende hatte sie wieder Zeit für Ben.

„Alles in Ordnung bei dir?"

„Ja, Daisy. Alles gut. Ich müsste mal telefonieren, habe aber kein Geld. Kannst du mir vielleicht …?"

„Warte, ich muss nur mein Handy holen."

Ein paar Minuten später war sie zurück.

„Kann aber etwas teurer werden."

Er blickte sie dabei fragend an.

„Das geht schon okay."

Er wählte eine lange Nummer.

Nach einigen Sekunden war ein Rufzeichen zu hören.
„Chuck? . . . Hallo, Charly hier! . . . Goed . . . Ek het'n baie haastige kruising vanaf Dundee nodig . . . Nou op Vrydagaand . . . Rapporteer my weer Donderdag . . . en ek het absoluut'n nuwe paspoort nodig . . . Presies dieselfde as de vorige . . . Bye.“ [1]
Daisy schaute ihn verständnislos an.
„Wieso meldest du dich mit Charly und dann noch in so 'ner komischen Sprache?“
Ben deutete neben sich auf die Bettkante.
„Das war Afrikaans. Daisy, setz dich bitte noch mal zu mir. Ich werde versuchen, es dir zu erklären. Außerdem möchte ich mit dir etwas sehr Wichtiges besprechen und ich hoffe, dass du mir vertraust.“
„Okay, Ben, versuche dich bitte kurz zu fassen, ich muss noch meine Abschlussrunde machen. Also los.“
Sie setzte sich etwas zögerlich zu ihm auf die Bettkante und er versuchte ihr seinen Plan, sein Vorhaben, genau genommen nur seine Idee, zu erklären.

Nach der Abschlussrunde zurück im Schwesternzimmer zog sie den Kittel aus, nahm ihre Tasche und ihre Jacke. Dann verließ sie das Krankenhaus durch den hinteren Seitenausgang.

---

[1] „Chuck? . . . Hallo, Charly hier! . . . Ok . . . ich brauche eine sehr dringende Überfahrt von Dundee aus . . . Jetzt am Freitagabend . . . Melde mich am Donnerstag noch einmal . . . und ich brauche unbedingt einen neuen Pass . . . Genau der gleiche wie der letzte . . . Bye."

Die ersten Meter schob sie, in Gedanken versunken, ihr Fahrrad. Keith Snider, der diensthabende Anästhesist, kam ihr aus der Raucherecke entgegen und brachte sie in die Gegenwart zurück.
„Hi Daisy. So blass um die Nase? Musst dich schon am Fahrrad abstützen, damit du nicht umkippst?“
„Hi Keith, alles gut. War heute nur so viel los.“
„Okay. Lust auf'n Drink? Bin hier gleich fertig.“
„Nein danke, Keith. Heute Abend beginnt mein Spanischkurs und ab morgen weiß ich noch nicht.“
„Schon okay. Man sieht sich.“
Enttäuscht zog er von dannen.

Sie beschloss, ihr Rad bis zur Hauptstraße zu schieben, und ging dabei nochmals das von Ben Gesagte Schritt für Schritt durch.
Sie war sich überhaupt nicht sicher, was sie von all dem halten sollte, was Ben ihr erzählt hatte. Einerseits klang alles logisch und richtig, andererseits aber auch so abenteuerlich, dass es auch ganz und gar nicht stimmen konnte. So eine langfristige retrograde Amnesie wie bei Ben hatte sie nicht für möglich gehalten.
An der Straße angekommen, schwang sie sich aufs Rad, um die Dinge ihrer Zukunft in Angriff zu nehmen.
Auch sie hatte eine Idee, hatte Wünsche.

Polizeistation Milford Haven, Wales
Früh abends

In Milford Haven angekommen, empfing Chief Inspector Swan eine schwache, kühle Brise. Sie atmete tief ein. Hier war die Luft anders als oben in Dundee, weniger rau. Vorm Bahnhof fragte sie nach dem Weg zur Charles Street und erhielt im schönsten Walisisch eine Beschreibung. Ein wenig Heimweh beschlich sie doch. Sie beschloss, den Nelson Quay der am Ufer entlang führte, zu gehen. Die Bewegung nach der langen Bahnfahrt tat ihr gut.

Auf dem Polizeirevier wurde sie schon erwartet. Officer Malley und Sergeant Malloy hatten Dienst und machten sich sogleich einen Spaß daraus, sie im deftigen Welsh wortreich zu empfangen. Sie hörte geduldig zu, um ihnen dann im schönsten Swansea-Welsh zu antworten. An ihren erstaunten Gesichtern war abzulesen, dass ihr Chef tatsächlich nichts preisgegeben hatte.

„Okay Gentlemen, ich freue mich, hier bei ihnen zu sein. Gibt's was Neues?"

Die beiden Polizisten waren von jetzt an die Freundlichkeit und Hilfsbereitschaft in Person.

„Leider nein, Chief Inspector. Der Unbekannte liegt weiterhin bewusstlos im Krankenhaus."

„Dann hat es wohl wenig Sinn, ihn zu besuchen. Ich benötige dann für die Nacht ein Zimmer. Was könnten sie mir empfehlen?"

Officer Malley kratzte sich leicht verlegen am Hinterkopf, blickte dann zu Sergeant Malloy rüber.

„Es ist so, diese Woche ist bei uns eine Herbstregatta, die ‚Milford Haven Races'. Alles ist ausgebucht.
Wir haben daher die Order bekommen, falls Sie hier übernachten müssen, Sie in einer unserer komfortablen und frisch renovierten Einzelzellen unterzubringen. Sind gerade alle frei und die Pritschen frisch bezogen."
Sie guckte beide fassungslos an.
„Das ist doch nicht Ihr Ernst, oder?!"
Die beiden Polizisten grinsten über beide Ohren, um dann lauthals loszulachen. Sie begriff, ein Joke.
„Okay! Dann aber mit Frühstück ans Bett. Sechs-Minuten-Ei inklusive. Punkt sieben!"
Officer Malley machte ein betrübtes Gesicht.
„Oh, da müssen wir leider passen, unsere Eieruhr ist leider in Reparatur, nur noch Sand für vier Minuten drin. Könnten wir Ihnen stattdessen ein Ausweichquartier drüben auf der anderen Hafenseite anbieten? Das B&B ‚Heart of Stone' is'n gutes, sauberes kleines Hotel. Wird von meiner Tante betrieben."
„Okay. Wie weit und wie komme ich dahin?"
„Sind knapp fünf Kilometer. Ich fahre sie hin und hol sie auch morgen früh wieder ab."
„Okay, das wäre dann ja geklärt. Jetzt möchte ich mit ihnen den Fall Ben McTinn durchgehen."
Sie breitete ihre mitgebrachten Unterlagen aus und erklärte ihnen die Ungereimtheiten in diesem Fall.
„Okay, wir sind durch. Morgen erwarte ich weitere Einzelheiten. Wer fährt mich zum ‚Heart of Stone'?"
Sergeant Malloy erhob sich.
„Is' mein Job."

🌐 Milford Haven, Wales
Früh abends 18:30 Uhr

Daisy blickte in den Kofferraum und überprüfte die von ihr besorgten Sachen. Tante Evelyn würde bestimmt nichts dagegen haben, wenn sie sich ihren Wagen mal ausleihen würde. Alles da, bis auf das Wichtigste, wusste aber auch schon, wo sie das bekommen konnte.

Kira blickte von ihrer Modezeitschrift auf, als das Glockenspiel der Ladentür ertönte.

„Hi Daisy, schon Feierabend?"

„Hi Kira. Ja, ich hab die Schicht getauscht."

„Was kann ich für dich tun?"

Kira, Ende zwanzig, vollschlank, schulterlanges dunkelbraunes Haar mit blauen und roten Strähnchen, blickte sie fragend an. Sie hatte vor vier Jahren diese altbackene Boutique von ihrer Tante übernommen und anschließend total umgekrempelt. Jetzt war daraus ein flippiger Laden für junge Leute geworden. Den Namen hatte sie gleich in ‚Gipsy Haven' geändert.

„Ich hab gesehen, du hast da Halloweenkostüme und Perücken im Fenster."

„Ja, hinten hab ich noch ein paar mehr."

„Klasse! Da werde ich wohl was Passendes für mich finden. Für Männer hast du doch sicher auch was?"

Kira hob fragend ihre Augenbrauen.

„Hab ich richtig gehört? Für Männer!?"

„Frag nicht so viel, Kira. Lass uns lieber gucken, was du da hast."

Pembrokeshire Hospital, Wales
Abends 21:30 Uhr

Ben schaute ungeduldig auf die Uhr über der Zimmertür. – Wird sie kommen? Hatte er sie überzeugen können? – So ganz sicher war er sich nicht. Am liebsten wäre er jetzt nach draußen gegangen, aber in dem Nachthemd vom Krankenhaus würde er sofort auffallen. So blieb ihm nichts anderes übrig, als abzuwarten.
Die Spätschicht hatte sich schon vor einer halben Stunde verabschiedet und ab jetzt musste er sich nur noch gedulden, bis die Nachtschicht ihre Kontrollrunde gemacht hat.

Punkt halb zehn erschien Nachtschwester Laura und brachte ihm seinen Tablettencocktail für die Nacht.
„Guten Abend Sir, ich bin Schwester Laura. Alles in Ordnung? Oder brauchen Sie noch etwas für die Nacht?"
„Nein, danke. Ich möchte, wenn möglich, bis morgen früh ungestört durchschlafen dürfen."
„Nehmen Sie bitte jetzt gleich die Tabletten ein, dann werde ich Sie bestimmt durchschlafen lassen."
Er schaute auf den Tablettencocktail. – Wenn ich die schlucke, bin ich heute Nacht außer Gefecht gesetzt – dachte er und überlegte, wie er das verhindern konnte.
Er nahm die Tabletten in die eine und das halbvolle Glas Wasser in die andere Hand.
„Ach, Schwester Laura, könnten Sie mir bitte noch ein zweites Glas mit frischem Leitungswasser geben, falls das hier nicht reichen sollte?"

„Kein Problem, Sir."
Als sie sich umdrehte, um das Glas zu füllen, schob er die Tabletten schnell unters Kopfkissen. Tat dann so, als wenn er den Mund voll hätte, und trank laut schluckend das Glas leer. Das zweite Glas, das sie ihm reichte, trank er ebenfalls leer.
„Ich denke, Schwester Daisy wird Sie dann morgen früh wieder wecken. Ich mache jetzt das Nachtlicht an. Gute Nacht, Sir."

Endlich wieder allein, blickte er zur Uhr. Punkt elf sollte er am hinteren Stationsausgang sein, hatte sie gesagt und ihm kurz auf dem Gang die Richtung gezeigt. Außerdem hatte sie ihn ermahnt, die Tür keinesfalls von innen zu öffnen, weil dann der Stationsalarm ausgelöst wird. Sie würde von außen ihren Generalschlüssel benutzen, dadurch wird der Alarm unterdrückt. Ihm blieb also nichts anderes übrig, als auf sie zu warten.

🌐 Milford Haven, Wales
Abends 21:30 Uhr

Von ihrer Einkaufstour zurück, blickte Daisy auf die Pendeluhr, die bei Tante Evelyn auf dem Kaminsims stand. Sie erschrak. Das Anprobieren der Kostüme bei Kira hatte doch wesentlich länger gedauert als gedacht. Mal so kurz bei ihr im Laden reinzuschneien, war eben nicht möglich. Es gab immer etwas zu bereden.

Sie hatten sich, gleich nachdem sie hierhergezogen war, beim Judo kennengelernt und manchmal gingen sie danach noch zusammen auf ein Bier. Heute jedoch fiel es ihr extrem schwer, locker zu bleiben, denn Kira versuchte mehrmals, das Thema Männer anzuschneiden.

Viel Zeit zum Überlegen blieb ihr nicht. Sie setzte sich aufs Bett und schloss die Augen. Die Zebraherde war wieder da und ein warmes, wohliges Gefühl erfasste sie. Dann öffnete sie wieder ihre Augen und schaute auf den Kleiderschrank. Was würde sie dort benötigen? Afrika wäre am Tag sehr heiß und nachts kann es kalt werden. So viel hatte Ben ihr schon verraten.

Sie sprang vom Bett, holte ihre große Reisetasche unterm Bett hervor und begann kurzentschlossen zu packen.
Als Letztes legte sie ihren Reisepass und ein paar Bilder von ihren Eltern in die Seitentasche.

Auf nach Afrika.

Die Flucht

Pembrokeshire Hospital, Wales
Abends 22:00 Uhr

Das Warten zerrte an seinen Nerven. Alle paar Minuten blickte er zur Uhr. Die Minuten schlichen nur langsam dahin. Er spürte die immer stärker werdende innere Unruhe und seine Ungeduld wuchs von Minute zu Minute. Unruhig ging er auf Socken im Zimmer auf und ab. Vor dem Wandkalender blieb er stehen und betrachtete das Bild des Monats Oktober. Es zeigte einen herbstlich bunten Laubwald. So etwas gab es in Afrika nicht. Zumindest hatte er dort keinen gesehen.
Er blickte abermals zur Uhr, viertel nach zehn. Warten! Sich aufs Bett zu legen war ein Risiko, denn er könnte einschlafen und dann Daisy verpassen.

Er ging zum Fenster, blickte hinaus in die Dunkelheit. Wolken zogen vorüber, verdeckten teilweise die Sterne, die hier nicht so groß und hell strahlten wie in Afrika.
Chuck! Was würde der jetzt an seiner Stelle machen? Wahrscheinlich würde der sagen: – Mach es wie die Jäger. Bleib ruhig, aber wachsam, entspanne dich und warte auf den richtigen Zeitpunkt. Bist du aber ungeduldig und schießt zu früh, so ist deine Chance vertan. –
Chuck war keine zehn Jahre älter als er und doch so viel erfahrener, wusste in allen Lebenslagen, was zu tun war, zumindest, was das Leben in Afrika betraf. In Südafrika geboren, war er bereits mit sechzehn von zu Hause ausgerissen, um sich in Kwekwe, dem Zentrum der rhodesischen Goldförderung, als Goldwäscher zu

versuchen. Gut vier Jahre später hatte er sich bereits ein Vermögen zusammengeschürft.
Ab dann begann er, den Kontinent zu bereisen. Ob nun Zufall oder ob das Schicksal es so wollte, egal, Chuck war seine Rettung gewesen.

Er blickte noch immer in die Dunkelheit und sah dabei die bunten Bilder von Afrika. Der aufkommende Nachtwind wirbelte etwas Laub vors Fenster und brachte ihn zurück ins Jetzt.
Er blickte zur Uhr, es war kurz vor elf. Jetzt gleich müsste Daisy kommen.
Schnell drapierte er die Bettdecke unter Zuhilfenahme einer Wolldecke so, dass es, zumindest auf den ersten Blick, wie ein Schlafender aussah.
Einen Bademantel gab es nicht, also musste er so, bekleidet nur mit dem Nachthemd und Einweglatschen vom Krankenhaus, auf den Stationsflur hinaus.
Vorsichtig öffnete er die Tür und horchte, ob die Luft rein ist. Alles okay. Keine verdächtigen Geräusche. Die paar Meter bis zum Hinterausgang legte er möglichst geräuschlos zurück.
Er blickte durch das gestreifte Sicherheitsglas der Außentür. Kein Licht, keine Bewegung erkennbar.
Enttäuscht lehnte er seine Stirn an die Glasscheibe und schloss die Augen, als plötzlich ein metallenes Geräusch an der Scheibe ihn zurückrief.
Daisy war da!
Sie war tatsächlich gekommen. Ohne den Alarm auszulösen, öffnete sie mit ihrem Schlüssel die Tür von außen.

„Hi Ben! Alles okay bei dir?"
„Ja, ich glaube schon."
„Dann komm. Beeilung, der Wagen steht da hinten."
Sie deutete hinter sich in die Dunkelheit.
„Das Schlüsselbund werde ich gleich hier in den Postkasten werfen."

Am Wagen angekommen, holte sie ihm die gekauften Klamotten aus dem Kofferraum.
„Ich hoffe, sie passen dir. Mach schnell, damit uns keiner sieht, falls jemand von der Nachtschicht auf die Idee kommen sollte, hier eine rauchen zu wollen."
Ben beeilte sich, so sehr es in der Dunkelheit eben ging.
„Danke, Daisy, passt alles gut. Kann losgehen."
Er wollte zur Fahrertür gehen, als Daisy ihn stoppte.
„Nein, Ben, ich fahre! Wenn dich hier in der Stadt jemand mit deinem Kopfverband am Lenkrad sieht, werden wir gleich angehalten. Außerdem hast du noch zu viel Beruhigungsmittel im Blut. Also!?"
Damit setzte sie sich hinters Lenkrad.
„Los, komm jetzt! Steig ein, bevor hier einer aufkreuzt oder die Nachtschwester das leere Bett entdeckt."
Er tat wie befohlen. Daisy startete den Motor und fuhr ohne Licht vom Parkplatz.
„Ben, du bist jetzt mein Navigator. Straßenkarte und Taschenlampen sind im Handschuhfach. Obwohl, die Strecke bis Warrington kenne ich recht gut."
Ben nahm Straßenkarte und Taschenlampe zur Hand.
„Daisy, ich glaube wir sollten möglichst nur auf Nebenstraßen fahren, denn die werden, falls sie nach uns suchen, nicht überwacht."

Richtung Builth Wells
Donnerstag, 30.10.2003
Nachts 03:00 Uhr

Sie fuhren bereits über drei Stunden durch die stockdunkle Nacht. Kein Mond, keine Sterne, die die schmalen Wege etwas erhellten. Daisy war zwar eine gute Fahrerin, aber auf den schmalen Nebenstraßen, durch die Ben sie navigierte, war keine hohe Geschwindigkeit möglich. Sie kamen nur langsam voran.
„Ben, wenn du mich weiterhin über Feldwege leitest, kommen wir nie an."
Ben blätterte zur Übersichtskarte und versuchte, die Fahrzeit bis Dundee abzuschätzen.
„Okay, Daisy, hast ja recht, wir wären über zwanzig Stunden ohne Pause unterwegs."
„Dann mach mir schnellere Vorschläge, damit wir wenigstens schon mal aus diesem verdammten Wales rauskommen."
Er blätterte zurück auf die Detailkarte.
„Ungefähr drei Kilometer noch bis Lampeter, dann links Richtung Llanwrda, da dann auf die A483 Richtung Builth Wells, auf der bleiben wir bis Welshpool."
„Aye Käpt'n."
Sie gab Gas. Doch wenige Augenblicke später, gleich hinter der nächsten Kurve, musste sie eine Vollbremsung machen. Vor ihnen, mitten auf der Straße, stand eine Schafherde. Vergeblich versuchte sie, zwischen ihnen durchzufahren, aber diese blöden Viecher schienen im Stehen zu schlafen. Ben stieg aus.

„Lass mich mal machen. Schalte die Scheinwerfer bitte auf Standlicht."
Er packte die Schafe an den Ohren und zog sie, eines nach dem anderen, zur Seite. Dabei winkte er Daisy zu, sie solle ganz langsam weiterfahren. Über ein Dutzend Schafe später war die Straße wieder frei und er stieg ein.
„Geschafft. Wäre echt dumm, wenn wir eines überfahren hätten. Die sind bestimmt irgendwo hier in der Nähe aus ihrem Gatter ausgebrochen."
Daisy schaltete das Fahrlicht wieder ein und fuhr los.
„Wo hast du das denn gelernt, Ben?"
„In Afrika, wo sonst. Wir haben eine Zeitlang auf Schaffarmen in Namibia gearbeitet. Chuck hatte die Idee, in die Produktion von Bio-Schafwolle einzusteigen."
„Bio-Schafwolle? Gibt's so was denn?"
„Ja klar! Ist 'ne Marktlücke mit Zukunft. Chuck war begeistert von dieser Idee. Hat dann später sogar 'ne Menge Geld darin investiert und so einiges in Bewegung gesetzt."
„Und du? So als Schafzüchter?"
Sie versuchte, sich Ben als Schafhirten mit Hund inmitten seiner Herde vorzustellen.
Er lächelte und seine Augen strahlten, was aber Daisy in der Dunkelheit nicht sehen konnte. Sie musste sich weiterhin auf die Straße konzentrieren, während Ben gedanklich auf seiner zukünftigen Schaffarm war.

Bis Builth Wells schwiegen beide vor sich hin. Dann unterbrach sie das Schweigen.
„Sag mal, habt ihr in all den Jahren noch was anderes gemacht, außer Schafe hüten?"

Ben holte tief Luft.
„Oh ja, wir sind viel gereist, haben so einiges gesehen und erlebt. Chuck hat ja mit mir anfangs eine kleine Reise durch das westliche Afrika gemacht. Wir waren über ein Jahr on the Road. Angefangen von Südmarokko, wo er mich gefunden hat, über Mauretanien, Mali, Niger, nach Nigeria, dann Kamerun, Kongo, durch Angola, Sambia, Simbabwe, nach Botswana und Namibia."
„Da überall wart ihr?!"
Daisy kam aus dem Staunen nicht heraus. Sie wusste nicht mal, wo all diese Länder in Afrika lagen und so fragte sie neugierig weiter.
„Und die Tiere? Habt ihr auch Tiere gesehen, Zebras und so?"
„Nicht nur gesehen, erlebt haben wir sie. Aber nicht so wie hier bei uns im Zoo."
„Ben, bitte erzähl mir davon!"
„Okay, sind aber viele Geschichten. Denn wir haben so ziemlich alle großen und auch gefährlichen Tiere erlebt. Wo soll ich denn da anfangen? … bei den Elefanten vielleicht?"
„Ja bitte!"
„Okay. Also, wir waren im Juni kurz vor Botswana und es war Regenzeit. Wir wollten mit unserem Land Rover westlich vom Okavango-Delta eine Abkürzung fahren und hatten uns beim Durchqueren im Flussbett des Omatako festgefahren. Es war kein Vor und kein Zurück mehr möglich. Wir konnten zusehen, wie das Wasser ganz langsam, aber stetig anstieg. Der nächste rettende Baumstamm, wo wir unsere Seilwinde hätten anbinden

können, war viel zu weit weg. Und nun? Chuck wusste Rat. Er nahm ein paar von unseren Zeltstangen, den Hammer und zog das Seil unserer Seilwinde rüber zum anderen Ufer. Dort schlug er die Stangen in den noch trockenen Sand und befestigte das Seilende daran. Mit der Seilwinde versuchten wir uns herauszuziehen, doch die Stangen knickten weg. Währenddessen stieg das Wasser immer weiter. Was nun?"

Ben machte eine kleine Kunstpause und trompetete dann los, so das Daisy zusammenzuckte.

„Plötzlich trompetenartige Laute. Am gegenüberliegenden Ufer erschienen zwei riesige Arbeitselefanten und obendrauf thronten ihre Mahouts. In respektvoller Entfernung stoppten sie ihre grauen Kolosse. ‚Unsere Rettung' sagte Chuck, wir müssen nur noch einen Preis aushandeln'. Er nahm eine halbe Stange Zigaretten aus der Proviantkiste, entnahm ihr zwei Schachteln und bot sie den Mahouts an. Der Ältere schüttelte den Kopf und deutete wortlos mit seinem Elefantenstab auf die halbe Stange. Chuck nickte und reichte sie ihm vorsichtig nach oben. Augenblicke später drehten die Elefanten uns ihre mächtigen Hinterteile zu und kamen damit bedrohlich näher. Zwei dicke Seile wurden uns zugeworfen, die wir vorn an der Abschleppöse befestigten. Die Elefanten zogen nun unseren Land Rover wie Spielzeug hinter sich her. An der sicheren Uferkante angekommen, banden wir uns los und die beiden Mahouts ritten gemächlich, unsere Zigaretten rauchend, davon, während einer der Elefanten nochmals laut trompetete."

Ben ahmte es wieder nach.

„Wir konnten weiterfahren."
Daisy lachte lauthals.
„Oh Ben, du hast doch bestimmt noch mehr solche Geschichten auf Lager."
„Klar. Zum Beispiel die von der neugierigen Giraffe und der Baum-Lodge oder die, wie ein Nashorn unseren Land Rover nicht mochte oder die von den mürrischen Flusspferden oder …"
Er hatte eine Menge Geschichten zu erzählen und so verging die Zeit wie im Fluge.

‚Heart of Stone' Milford Haven, Wales
Morgens 06:00 Uhr

Ihr Handy klingelte und riss sie aus dem Schlaf. Sie blickte halbwach aufs Display:
‚06:11 – Police Station Milford Haven'
„Chief Inspector Swan, was ist los?"
„Sergeant Malloy hier. Unser No-Name-Mann ist verschwunden!"
„Kein Joke?!"
„Leider nein! Es wurde heute Morgen von der Nachtschicht entdeckt. Er muss so zwischen 23 und 6 Uhr verschwunden sein."
„Okay. Holen Sie mich bitte in 15 Minuten von hier ab! Wir fahren zum Krankenhaus."
Sie sprang aus dem Bett.
Mit Frühstück war dann wohl nichts. Schnelle Katzenwäsche, anziehen und Tasche gepackt.
Officer Malloy war pünktlich.
„Okay, Chief Inspector, ab jetzt mit Blaulicht."

Kurz vor sieben Uhr erreichten sie das Krankenhaus. Chief Inspector Swan steuerte schnurstracks auf die Information am Haupteingang zu, wo sie bereits von Dr. Linney und Nachtschwester Laura, die extra dageblieben war, empfangen wurde.
„Guten Morgen, ich bin Chief Inspector Swan, Scotland Police aus Dundee. Ich ermittle ausnahmsweise in diesem Fall, da es sich hier um etwas ungewöhnliche Umstände handelt."

„Mein Name ist Dr. Linney, ich bin hier die diensthabende Oberärztin, das ist Nachtschwester Laura. Was meinen sie mit ‚etwas ungewöhnliche Umstände'?"
„Das können wir auf der Station besprechen."
Officer Malloy hatte mittlerweile den Einsatzwagen eingeparkt und trabte gemächlich hinterdrein.
Chief Inspector Swan schaute sich interessiert im Patientenzimmer um, dann zur Nachtschwester Laura gewandt:
„Ist seit dem Verschwinden des Patienten hier im Zimmer etwas verändert worden oder haben Sie etwas angefasst?"
„Nein, Chief Inspector. Ich machte, wie vorgeschrieben, vor Schichtende meine Abschlussrunde. Als ich die Tür öffnete, war die Deckenbeleuchtung eingeschaltet und die Bettdecke zurückgeschlagen. Auf der Toilette war er auch nicht, so schaute ich im Wartezimmer nach. Manchmal sitzen die Patienten, wenn sie nachts nicht schlafen können, da und lesen dann die ausgelegten Illustrierten. Aber auch dort war er nicht. Ich habe dann sofort Dr. Linney informiert."
„Danke, Schwester Laura."
Chief Inspector Swan begann jetzt das Zimmer genauer zu inspizieren.
Sie prüfte als Erstes das Fenster, es war verschlossen. Als Nächstes schaute sie in die Nachttischschublade, dann in den Kleiderspind, in die Toilette. Begab sich wieder zum Bett, um dort unter die Matratze zu schauen. Dabei verrutschte das Kopfkissen und die darunterliegenden

Tabletten kamen zum Vorschein. Nachtschwester Laura machte ein erstauntes Gesicht.

„Oh, das sind ja die Tabletten, die er heute Nacht hätte einnehmen sollen. Er hatte doch extra drum gebeten, bis morgens durchschlafen zu dürfen."

Chief Inspector Swan packte die Tabletten in einen Plastikbeutel, den ihr Officer Malloy reichte.

Schwester Helen vom Helpdesk steckte ihren Kopf zur Tür rein.

„Sorry, Dr. Linney, aber wir konnten ihre Tochter bisher nirgends auftreiben. Ich werde es aber weiterhin versuchen."

Chief Inspector Swan schaute etwas irritiert zu Dr. Linney. Ihr war bereits deren schottischer Akzent aufgefallen.

„Was hat die Sucherei nach Ihrer Tochter hier im Krankenhaus zu suchen, Dr. Linney? Privates?"

„Nein, Chief Inspector, sie ist hier als Krankenschwester angestellt und sollte heute zur Frühschicht antreten. Danke, Helen, probiere Sie es bitte weiter."

„Dr. Linney, sagen Sie bitte, seit wann leben Sie hier in Wales? Mir ist Ihr schottischer Akzent aufgefallen."

„Meine Tochter und ich, wir sind damals, vor gut fünf Jahren, aus familiären Gründen hier heruntergezogen."

„Von wo genau?"

„Dundee. Ich habe dort im Kings Cross Hospital gearbeitet und wenn ich noch bemerken darf, Chief Inspector, der flüchtige Patient hat ebenfalls diesen Dundee-Dialekt."

„Ja danke, Dr. Linney. Ich sehe da zurzeit keinen Zusammenhang, auch wenn feststehen sollte, dass beide in Dundee gelebt haben und sich kennen könnten. Jetzt aber möchte ich vorerst klären, wie der Patient unbemerkt aus dem Krankenhaus verschwinden konnte."

Chief Inspector Swan ließ sich alle nach außen führenden Türen zeigen.

Der inzwischen eingetroffene Verwaltungsdirektor erklärte ihr die Sicherheitsmaßnahmen.

„Ab zehn Uhr abends werden alle Außentüren verschlossen und sind dann alarmgesichert. Wer hier von außen rein will, muss entweder am Haupteingang klingeln oder hat, sofern er hier angestellt ist, einen Generalschlüssel. Versucht dagegen ein Patient oder Bediensteter, die Türen von innen zu öffnen, so gibt es stillen Alarm hier im Haus."

„Danke, Sir. Und hatten sie denn heute Nacht einen stillen Alarm?"

Der Verwaltungsdirektor schaute fragend zu Dr. Linney, die aber den Kopf schüttelte und ihrerseits zur Nachtschwester Laura schaute, in Erwartung einer Antwort. Die schüttelte ebenfalls ihren Kopf.

„Nein, Chief Inspector, tut mir leid, wir hatten heute Nacht keinen Alarm."

Chief Inspector Swan klappte ihren Protokollblock zu.

„Ich denke, das war's. Dr. Linney, Sir, Miss Laura, vielen Dank für ihre Mithilfe. Officer Malloy, kommen Sie. Abrücken!"

Auf der Rückfahrt im Einsatzwagen diesmal ohne Blaulicht, schaute Sergeant Malloy sie fragend an.
„Und … Chief Inspector…? Haben Sie eine Vermutung?“
„Mehr als das. Ich denke, die beiden kannten sich irgendwie von früher und haben sich dann zufällig hier wiedergetroffen. Vielleicht hat er sie einfach mitgenommen.“
„Wie meinen Sie das?“
„Gleich, Sergeant, auf dem Revier mehr.“

Auf dem Revier nach kurzer Lagebesprechung:
„So meine Herren, das wären die Fakten. Mein weiteres Vorgehen werde ich jetzt mit meinem Vorgesetzten absprechen.“
Ihr Blick sagte, dass sie das Gespräch unter vier Augen führen wollte.
„Okay, Chief Inspector, wir gehen mal eine rauchen.“
Sie zückte ihr Handy, wusste, dass es schwierig werden würde.
Der Chef war anwesend und nahm bereits beim ersten Klingelzeichen ab.
„DCSI MacQuarie . . . Ah, Chief Inspector Swan, schießen Sie los. Wie ist der Stand der Dinge? . . . Aha . . . Hm . . . So, so . . .“
Sie versuchte, möglichst kurz und präzise zu sein, so wie ihr Chef es liebte.
„Chef, was ich jetzt benötige, ist ein Leihwagen . . . Ja, ich weiß . . . Ja, dann bin ich schnellstmöglich zurück . . . Ja, das halte ich auch für die beste Lösung . . . Okay, kapiert, ich lasse ihn hier zur Fahndung ausschreiben . . . Danke.“
Sie drückte die Auflegetaste.

„Geht doch."
Dann trat sie vor die Tür.
„Ihr könnt das Rauchen wieder aufgeben. Wir schreiben ihn zur Fahndung aus. Fotos und Personalien kommen noch aus Dundee und ich brauche jetzt sofort einen Leihwagen."
Sergeant Malloy erhob sich.
„Kein Thema, is' mein Job."

Hinter Crossgates, Wales
Morgens 06:00 Uhr

„Ben, ich bin müde, kann nicht mehr. Lass uns eine kurze Pause machen, außerdem muss ich mal.“
Er knipste die Taschenlampe an und blickte auf die Straßenkarte.
„Gut. Dann lass uns doch beim nächstbesten Waldstück abbiegen. Danach kann ich ja fahren.“
Ein paar Kilometer weiter bot sich eine Möglichkeit.
„Daisy, stopp, da vorn links geht ein Weg rein.“
Er deutete auf den schmalen Weg, der vor ihnen über einen Entwässerungsgraben direkt in den Wald führte.
Doch keine hundert Meter später endete der Wald schlagartig und der asphaltierte Weg wurde zu einer riesigen mit Sauergras bewachsenen Lichtung, die im letzten Mondlicht silbrig glänzte. Als Daisy im Begriff war, auf die Wiese zu fahren, griff Ben ihr sehr energisch ins Lenkrad.
„Stopp, Daisy! Stopp!“
Abrupt trat sie auf das Bremspedal.
„Wie? … Was ist denn?“
„Kein Stück weiterfahren! Bleib auf dem Weg oder wir saufen ab.“
Entgeistert schaute sie Ben im fahlen Mondlicht an. Der deutete nur auf die grasbewachsene Lichtung.
„Hast du nicht die Entwässerungsgräben neben der Straße bemerkt? Das hier ist Moorgegend. Also bitte immer hübsch auf dem Weg bleiben.“

„Du meinst, wer hier vom Weg abkommt, kann im Moor versinken und ist dann weg? Inklusive Auto?"
„Sicher. Es gibt in Schottland einige Geschichten, die davon handeln. Du müsstest solche schon gehört haben."
Daisy nickte nur stumm, blickte dabei ehrfürchtig um sich, deutete dann nach rechts neben den Weg.
„Auch nicht da vorn hinterm Busch?"
„Lieber nicht, der dürfte schon zu weit vom Weg ab sein. Zum Pieseln muss dir das halbhohe Gras reichen. Okay? Dann mal los, du zuerst."
Ihre ‚Geschäfte' waren schnell erledigt. Danach machten sie sich über das Essbare her, das Daisy noch vor Abfahrt besorgt hatte.

Allmählich setzte die Morgendämmerung ein. Doch anstatt gleich weiterzufahren, lehnten sie sich an die noch warme Motorhaube und blickten eine Weile schweigend über das silbrige Gras.
Plötzlich lächelte Daisy und zeigte auf die vor ihnen liegende Moorwiese.
„Stell dir vor, Ben, da mittendrin stünde ein Schloss. So ein richtiges Märchenschloss und ich müsste darin allein leben und komme nicht von da fort. Kein Weg, kein Steg, kein Boot. Und alle, die mich befreien wollten, ertranken oder versanken im Moor. Doch eines Tages kommt ein riesiger Frosch übers Moor zu mir gehüpft und fragt, ob ich einen Weg aus diesem Moor kenne, weil allein könne er es nicht schaffen. Ja, sage ich zu ihm, ich kenne einen Weg, doch bisher wollten immer alle zu mir kommen. Oh, entgegnet der Frosch, das ist schade. Aber wenn du mir zeigst, wo es hier zum ganz großen Wasser geht,

kann ich dir drei Wünsche erfüllen, denn ich kann übers Moor hüpfen. Guter Frosch, sage ich, gern will ich dir helfen, wenn du mich mitnimmst auf deine Reise. Quak, sagt der Frosch, so sei es und die drei Wünsche seien dir gewährt."
Ben sah sie etwas irritiert von der Seite an.
„Und was willst du mir damit sagen?"
„Ganz einfach, ich habe drei Wünsche ans Leben."
„So, wie eine Märchenprinzessin?"
„Ja, in etwa so."
Ben kratzte sich verlegen am Hinterkopf, blickte dabei zum imaginären Schloss rüber.
„Okay, wenn du meinst, aber wir sollten jetzt erst einmal weiterfahren. Ich fahre jetzt."
Vorsichtig wendete er den Wagen.
Bevor er losfuhr, legte sie ihre Hand auf seinen Arm.
„Du, Ben? Ganz ehrlich, hältst du mich jetzt für überdreht romantisch?"
„Nein, Daisy. Denn ohne Wünsche gibt es keine Hoffnung auf Neues."

Pembrokeshire Hospital, Wales
Vormittags 09:00 Uhr

Schwester Helen sah von ihrem Monitor auf.
„Sir, was kann ich für sie tun?“
Burns trat an den Helpdesk, schaute dann kurz auf ihr Namensschild.
„Guten Morgen, Schwester Helen, ich suche einen Charly Smith. Der soll hier bei ihnen im Krankenhaus liegen.“
„Tut mir leid Sir, einen Patienten unter diesem Namen haben wir bei uns nicht.“
„Er soll vorgestern hier eingeliefert worden sein.“
„Ah, Sie meinen wohl den No-Name-Mann. Der ist leider nicht mehr da, der ist plötzlich verschwunden. Was wollen Sie denn von ihm?“
Burns machte sein verständnisvolles Gesicht.
„Sie meinen also, er verschwindet aus ihrem Krankenhaus einfach so? Löst sich in Luft auf?“
Dabei schnipste er mit den Fingern.
„Nein, Sir, das glaube ich, und die Polizei, auch nicht. Seinetwegen war heute Morgen schon ein Chief Inspector extra aus Schottland, aus Dundee, angereist.“
„Extra aus Schottland, hierher?“
„Ja, Sir. Sie sagte, es sei wegen der ungewöhnlichen Umstände.“
„Die da wären?“
Burns versuchte nachzuhaken.

„Dazu kann ich nichts sagen, aber sie machte so ein komisches Gesicht, als ich sagte, dass Schwester Daisy heute Morgen nicht zur Frühschicht erschienen sei."
„Und warum erschien sie nicht?"
„Ach Sir, das können Sie ja nicht wissen, aber sie stammt ja, genau wie ihre Mutter auch, aus Dundee."
Burns behielt seinen verständnisvollen Gesichtsausdruck bei, obwohl ihm die Zusammenhänge nicht so ganz klar waren.
„Der Unbekannte soll ja auch von da oben stammen. Irgendwie haben die beiden sich wohl verstanden."
Bei Burns machte es – klick –.
„Sagen Sie, Schwester Helen, wie heißt denn diese Schwester Daisy eigentlich mit vollem Namen?"
„Daisy Dee Linney, ihre Mutter, ist hier Chefärztin. Aber mehr darf ich Ihnen wirklich nicht sagen, Sir. Und was wollen Sie nun eigentlich von dem Patienten?"
„Oh sorry, dass ich mich Ihnen noch nicht vorgestellt habe. Mein Name ist Frederic Myers, Im- und Export. Ich bräuchte einige Auskünfte von ihm. Ach, eine Frage noch, wann ist er denn verschwunden?"
„Das muss heute Nacht passiert sein."
„Und keiner hat es bemerkt?"
„Nein, Sir, niemand."
Er wandte sich um zum Gehen.
„Sollte er hier wieder auftauchen, so grüßen Sie ihn bitte von mir."
Schwester Helen schaute ihm noch nach, bis er zur Tür raus war, dann griff sie zum Telefon.

Eine halbe Stunde später saß Burns entspannt bei Scones und Tee in dem kleinen Café ‚Windseeker' an der Uferpromenade. Er blickte zufrieden auf die im Wellengang schaukelnden Yachten und überlegte dabei, ob er denn jetzt schon den Chef informieren sollte, verwarf dann aber schnell den Gedanken. Er befand, dass es dafür noch zu früh sei. Charly war ausgeflogen.
Aber er wusste, dass der sich in Richtung Norden nach Dundee bewegte und so wie es aussah, hatte er diese Krankenschwester Daisy mitgenommen. Was das mit ihr auf sich hatte, war ihm noch nicht klar, aber er würde auch dafür eine Eingebung haben.
Die beiden anderen Typen, die man gestern Morgen verhaftet hatte und die jetzt in Swansea in U-Haft saßen, waren tatsächlich von der O'Brien-Gang.

Da bisher weder die Ware noch das Geld aufgetaucht waren, musste das eine oder andere also noch irgendwo hier in der Gegend versteckt sein. Um da ranzukommen, blieb ihm wohl nichts anderes übrig, als sich ebenfalls in Richtung Dundee zu bewegen, um diesen Charly aufzutreiben. Erst, wenn er den gesprochen hatte, würde es Sinn haben, den Boss anzurufen.
Nur nichts übereilen.

Burns überlegte weiter, während er genüsslich seinen Tee umrührte. So, wie er den Fall einschätzte, würden die beiden Nebenstraßen benutzen, um nach Möglichkeit nicht in eine Kontrolle zu geraten. Sie hatten zwar einen halben Tag Vorsprung, dürften aber nicht sehr schnell vorankommen. Wenn er die schnellste Route nähme,

könnte er in gut acht Stunden da sein. Schnell genug um Charly dort einzufangen.
Also wozu die Eile.
Die Scones waren einfach zu köstlich.

Richtung Norden, Cheshire
Später Vormittag 11:00 Uhr

Der Wagen wurde merklich langsamer. Daisy schreckte auf und sah, wie Ben blinzelte, seine Augen zusammenkniff.
„Was ist los? Du siehst angestrengt und müde aus."
„Ja, Daisy, ich hab das Gefühl, meine Augen sind schwer und trocken."
„Verstehe. Das sind noch die Nachwirkungen der Medikamente. Halt bitte an, ich fahre jetzt wieder. Du ruhst dich aus, musst mir nur ab und zu den Kurs ansagen. Okay?"
Bisher war niemand hinter ihnen hergefahren und ebenso gab es kaum Gegenverkehr, der sie hätte von vorn erkennen können. Trotzdem parkten sie zur Sicherheit in einem Seitenweg.
Daisy holte ihre Medikamententasche aus dem Kofferraum und reichte ihm ein kleines Fläschchen.
„Hier Ben, nimm diese Augentropfen, die helfen gegen die Trockenheit. Ich muss mal schnell da hintern Busch."
Leicht hilflos blickte er sie an, als sie ihm die Tropfen in die Hand drückte.
„Äh, wie… die Augentropfen?"
„Ist gut Ben, ich mache das schon … Männer!"
Ruck-zuck hatte sie ihm die Augen geträufelt, um dann schnell hinter einem Busch zu verschwinden.
„So, kann weitergehen, oder musst du auch noch mal auf's Töpfchen?"
Ben schüttelte den Kopf.

„Dann rutsch mal rüber. Du kannst ja deine Augen schließen und mir noch ein paar von deinen Afrikaabenteuern erzählen."
Minutenlang saß er mit geschlossenen Augen wortlos da. Sie stupste ihn leicht von der Seite an.
„Alles in Ordnung mit dir?"
„Ja, Daisy, alles gut. Ich habe eben nur, als die Augentropfen zu wirken begannen, an die Viktoriawasserfälle denken müssen."
„Du warst dort? Ehrlich?"
„Klar doch. Die musste Chuck mir unbedingt zeigen. Wir waren ja sowieso in der Nähe, im Okavango Delta. Stell dir vor, du kannst den Wassernebel schon aus über fünfzehn Kilometern Entfernung sehen. Selbst, wenn du auf der trockenen Seite in der Mitte stehst, siehst du weder rechts noch links das Ende. Der Wasserfall ist über eineinhalb Kilometer breit. Und wenn du dich bis an die Kante traust, siehst du vor dir das Wasser über hundert Meter in die Tiefe rauschen. Das ist einfach gigantisch. ‚Donnernden Rauch' nennen ihn die Eingeborenen. Es ist ein tolles Gefühl, aus der Hitze zu kommen und dann in diesen feuchten Nebel einzutauchen. Wir haben sogar im ‚Devil's Pool' gebadet. Das ist ein kleines natürliches Bassin unmittelbar an der Kante des Wasserfalls."
Daisy machte große Augen und blickte ungläubig zu Ben hin.
„Ihr habt in dem riesigen Wasserfall gebadet?"
„Ja klar doch, das geht aber nur während der Trockenzeit, bei Niedrigwasser. Dann ist das Wasser flach und

seicht genug, um bis an die Kante heran-schwimmen zu können."
Daisys große Augen begannen nun zu leuchten und mündeten dann in einem Aufseufzer.
„Das möchte ich auch mal machen."
Danach senkte sich für kurze Zeit Schweigen über beide. Doch dann bohrte sie gleich darauf weiter.
„Habt ihr auch große Tiere gejagt?"
„Wie meinst du das? Löwen, Tiger, Elefanten oder Zebras? So wie die Großwildjäger einfach abknallen?"
Er setzte sich ruckartig auf, schaute sie irritiert an. Denn bei Zebras hatte sie plötzlich ihre Schultern hochgezogen. Sie sah ihre friedlich grasenden Zebras in der Savanne vor sich, auf die plötzlich geschossen wurde.
„Nein, ich meine, habt ihr auf Wildtiere geschossen?"
„Natürlich nicht. Nur zum Essen haben wir uns manchmal Oribis oder auch Dikdiks geschossen."
„Was sind denn das für komische Tiere?"
„Ganz kleine Antilopen, gibt's in Afrika haufenweise. Die sind ziemlich scheu und nachtaktiv, das heißt, erst ab Dämmerung beginnen sie zu grasen und erst dann sind sie im hohen Gras zu sehen. Du musst ziemlich dicht an sie herankommen, um sie zu schießen. Chuck hat mir mal gezeigt, wie es die Eingeborenen machen. Also ganz wichtig ist, dass du grundsätzlich gegen den Wind stehen musst, damit sie dich nicht wittern können. Dann schleuderst du kleine Steine über die Tiere hinweg auf die andere Seite."
„Aber dann laufen die doch weg."

„Genau. Die schauen zu dem Geräusch hin und flüchten dann davon weg, hin zu den Jägern. Der Rest ist dann einfach."

„Und die Tiere, diese Antilopen, kann man essen?"

„Sehr gut sogar, super zartes Fleisch. Du musst dich nur beim Zerlegen beeilen, denn der Blutgeruch lockt die richtigen Raubtiere an. Wir haben unser Fleisch immer sofort eingepackt und sind weitergefahren, bevor wir dann zur Nacht lagerten und Feuer machten. Den Rest ließen wir liegen."

Sie musste sich bei dem Gedanken, frisches, blutiges Fleisch im Kofferraum zu haben, schütteln.

„Habt ihr denn auch mal etwas Lustigeres erlebt?"

Ben musste nicht lange überlegen.

„Matilda."

Daisy griff das Lenkrad fester und spitzte die Ohren.

„Wie Matilda?"

„Wir kamen direkt vom Etosha Salzsee, wo ein Nashorn unseren Land Rover nicht mochte und ihn mehrmals rammte, sodass wir beschlossen, dort im Nationalpark zu bleiben und eine Pause einzulegen, damit der Wagen repariert werden konnte. Wir mieteten uns eine Baumlodge und Chuck orderte für den nächsten Morgen Frühstück auf der Veranda. Nach Wochen im Zelt und auf Feldbetten jetzt zur Abwechslung mal richtige Betten mit Matratzen. Chuck ließ mich ausschlafen. Geweckt wurde ich durch einen Schatten, der vor meinem Gesicht pendelte, und schnaubenden Geräuschen."

Ben ahmte es nach und wedelte mit dem Arm dazu.

„Als ich dann die Augen aufschlug, ragte direkt über mir, direkt hinterm Moskitonetz, ein riesiger, drachenartig aussehender Schädel mit zwei großen behaarten Höckern obendrauf, abstehenden Ohren sowie wunderschönen dunklen, langwimprigen Augen auf und grinste mich an. Vor lauter Schreck ließ ich mich aus dem Bett fallen und robbte in Richtung Veranda. Dort saß Chuck und konnte sich vor Lachen kaum halten. ‚Na, hat Matilda dich geweckt?‘ sagte er nur. Erst jetzt drehte ich mich um und erkannte, dass eine Giraffe ihren Kopf durch das offene Fenster gesteckt hatte. ‚Matilda?‘ fragte ich ‚die heißt wirklich Matilda?‘ Chuck grinste weiterhin, nahm die Blumen aus der Vase vom Frühstückstisch und drückte sie mir in die Hand. ‚Nur zu, versuch es doch mal‘. Inzwischen war Matilda an der Veranda angekommen und beäugte uns beide neugierig. Ich hielt ihr den Wildblumenstrauß entgegen und tatsächlich, sie umschlang ihn mit ihrer langen blauen Zunge und weg war er. Zufrieden schritt sie weiter. Chuck erzählte mir dann, dass Matilda es sich angewöhnt hatte, im Camp vorbeizuschauen, um sich was von der grünen Tischdeko zu holen, denn Giraffen fressen im Prinzip nur Grünzeug.“

Daisy machte abermals große Augen.

„Was meinst du denn mit ‚im Prinzip‘? Fressen die auch Tiere?“

„Nein, sie nagen nur an den Knochen von Kadavern, um die darin enthaltenen Mineralien wie Phosphor und Calcium aufzunehmen.“

Daisy verzog angewidert ihr Gesicht.

„Sie haben als Pflanzenfresser keine ausreichend starken Kiefer, um Knochen zu zerkauen und zu zermahlen. Chuck hat das schon mal gesehen."
Daisy wechselte lieber das Thema.
„Und Matilda hatte wirklich so wunderschöne, große dunkle Augen mit langen Wimpern?"
Dabei blickte sie kurz von der Straße weg, hin zu Ben.
Ihr Blick, der Unterton und der Klang ihrer Frage ließen bei ihm nur eine gültige Antwort zu.
„Ja, Daisy, fast so schön wie deine.", sagte er neckisch und zwinkerte dabei.

Crossgates, Wales
Mittags 12:00 Uhr

Ihr Handy klingelte. Sie fuhr den Leihwagen links auf den Parkstreifen und stoppte.
„Chief Inspector Swan ... Hallo, Sergeant Lindsey, etwas herausgefunden? ... Sehr gut ... Ich brauche die Bilder und Personalien von beiden schnellstmöglich ... Warten Sie, ich sage Ihnen, wohin sie die faxen müssen ... Nein, nicht nur nach Milford Haven. Ich bin schon wieder unterwegs."
Sie holte die Straßenkarte aus dem Handschuhfach und fuhr mit dem Finger die, wie sie vermutete, zu erwartende Strecke ab.
„Hören Sie, die nächstgelegene Polizeistation auf meiner Strecke ist in Welshpool. Sie können sie mir zusätzlich dorthin faxen ... Ja danke, es läuft alles nach Plan ... Nein, keine weiteren Probleme ... Sie haben mir sehr weitergeholfen ... Danke."
Sie drückte die Auflegetaste, schaute nochmals auf die Karte.
„Wo du hinwillst, weiß ich, aber ich will dich vorher."

Ihr Handy klingelte abermals.
„Chief Inspector Swan ... Ah Officer Malley, gibt es Neuigkeiten? ... Schwester Daisy ist tatsächlich nicht zum Frühdienst angetreten? ... Und immer noch verschwunden? ... Okay ... Der Wagen ihrer Tante Evelyn ebenfalls? ... Gut, das will noch gar nichts bedeuten ... Nein, für eine Fahndung ist das nicht

ausreichend . . . Haben Sie Kennzeichen, Typ und Farbe vom Wagen? . . .“

Sie nahm Schreibblock und Stift zur Hand.

„Okay, hab ich notiert . . . Halten Sie mich bitte weiter auf dem Laufenden . . . Ach ja, Sie bekommen noch zwei brauchbare Bilder von den McTinns . . . Wieso zwei? Es sind Zwillinge . . . Ja, auch wenn der eine schon tot ist, wir suchen ihn mit beiden Bildern . . . Danke.“

Sie wollte schon das Gespräch beenden, doch Officer Malley hatte noch eine weitere Neuigkeit für sie.

„. . . Wie war das? Ein Handelsvertreter hat sich im Krankenhaus nach unserem Mann erkundigt? . . . Frederic Myers? . . . Nein, sagt mir nichts . . . Haben Sie von ihm eine Beschreibung? . . . Ja, ich schreibe mit. Mitte 40, sportlich schlank, ca. 1,70 m, blaue Augen, grau melierte Schläfen, zuvorkommend freundlich . . . Danke Officer Malley . . .“

Sie beendete das Gespräch, lenkte den Wagen wieder auf die Straße zurück und fuhr weiter gen Norden.

– Unser Mann scheint ja sehr begehrt zu sein – dachte sie noch.

Vor Warrington, Cheshire
Mittags 13:00 Uhr

Er hätte wohl noch stundenlang weitere Geschichten von Afrika erzählen können, als Daisy ihn dabei abrupt unterbrach.
„Ben, ich denke, du solltest mir jetzt mal reinen Wein einschenken. Was hat das mit dem Drogenschmuggel auf sich? Also jetzt bitte keine Unwahrheiten, Schauermärchen oder Ausflüchte!"
Überrascht von ihrem plötzlichen Stimmungswandel, musste er erst einmal trocken schlucken.
„Ich …, ich dachte, du willst mit mir nach Dundee fahren, weil wir beide dann zusammen nicht auffallen."
Sie bremste voll ab, sodass er fast vom Sitz rutschte und mit seinen Knien gegen das Handschuhfach stieß.
„Aua Daisy, was soll das denn?"
Der Wagen kam mit quietschenden Reifen zum Stehen. Wütend schaute sie ihn an und fauchte zurück.
„Ben! Jetzt red' keinen Scheiß! Ich wäre nicht mitgekommen, wenn ich deiner Geschichte nicht geglaubt hätte. Aber das mit den Drogen ist für mich noch völlig unklar, also …!"
Ben setzte sich wieder zurecht, legte aber vorsichtshalber den Sicherheitsgurt an.
„Oh Mann, und deswegen gleich 'ne Vollbremsung?"
„Hör zu Ben! Ich will die reine Wahrheit und damit Klarheit, was es damit auf sich hat, kapiert? Ich mach doch hier nicht die Taxifahrerin für dich. Also, leg los!"

Wortlos fuhr sie wieder an. Eine Zeitlang fingerte er an seinem Sicherheitsgurt rum, bevor er anfing.
„Ich war fast vier Jahre lang mit Chuck zusammen und wir haben in Afrika 'ne Menge erlebt und gesehen. Nur, dass er fast alles bezahlt hat. Denn Chuck hatte Geld ohne Ende."
Er blickte nachdenklich in die vorbeiziehende Landschaft.
„Ich hatte mir zwar zwischenzeitlich, immer wenn wir einen Job annahmen, weil uns die Reiserei zu langweilig wurde, auch etwas eigenes Geld verdient, aber es reichte bei weitem nicht, um mich von Chuck unabhängig zu machen. Denn es gab Zeiten, in denen wir es nicht gut miteinander aushalten konnten. Er, mit seinem vielen Geld im Hintergrund, konnte für die Zukunft planen, ich dagegen nicht. Doch seit der Zeit, damals auf der Schaffarm, träumte ich davon, so etwas zu machen, ohne Chuck. Aber ohne eigenes Geld ging das nicht, konnte ich meinen Wunsch nicht verwirklichen und ich wollte mir auch nicht das Geld bei Chuck leihen."
Er wischte sich mit der rechten Hand über die Augen, blickte dann wiederum nachdenklich nach draußen.
„Chuck und ich, wir hatten uns in den letzten Monaten des Öfteren gestritten. Immer wenn er damit anfing, mir erklären zu wollen, dass mein Dundee-Dialekt nicht von irgendwie gekommen sei, wurde ich aggressiv, wusste aber nie warum. Es gab da ja nur eine schwarze, stumme Lücke bei mir."
Daisy sah ihn von der Seite an.
„Keine Bilder, Gefühle oder Emotionen?"

„Nein, nichts."
„Aber hast du denn nicht den Wunsch in dir gehabt, herauszufinden, wo du herkommst?"
„Ja schon, aber da war doch die Aussage von diesem Kapitän Raymond, dass ich in England wegen Mordes gesucht werde. Ich hatte absoluten Schiss davor, dass es wahr sein könnte."
„Schon okay, Ben, erzähl weiter."
Er nahm die fast leere Wasserflasche aus der Seitentasche und träufelte sich die letzten Tropfen auf die Zunge, bevor er weitersprach.
„Dann, im Januar 2002 blieben wir für ein paar Tage in Dakar. Chuck wollte sich unbedingt die Ankunft der Rallyewagen von Paris-Dakar ansehen. Das interessierte mich alles nicht und so trennten wir uns für ein paar Tage. Ich nahm mir ein Zimmer im Hotel Corniche Est. Von dort waren die Wege ins Zentrum nicht so weit. Ich war froh, für ein paar Tage in Dakar allein zu sein. Und so streifte ich mehr oder weniger ziellos durch die Stadt, sah mir die Sehenswürdigkeiten an. Dann, es war am dritten Abend, auf dem Rückweg zum Hotel. Ich war noch auf ein Bier in einer Strandbar, als sich ein älterer, seriös aussehender Mann neben mich setzte und nach dem ersten Bier ansprach. ‚Guten Abend, Sir. Ich möchte nicht aufdringlich sein, aber ich habe Sie die beiden letzten Tage in der Stadt herumlaufen sehen. Mir scheint, als wenn Sie eine Beschäftigung suchen. Oder?' Ich nahm, um Zeit zu gewinnen, erst einmal einen langen Schluck aus dem Glas. Über den Glasrand hin schaute ich ihn mir etwas genauer an. Auch auf den zweiten Blick

machte er mir keinen windigen Eindruck. Also setzte ich mein Glas ab und nickte wortlos. Sein Gesichtsausdruck wurde noch freundlicher. ‚Gut' sprach er und lächelte dabei, sodass ich seine gepflegten weißen Zähne sah. ‚Ich hätte da was für Sie'. Ich blickte ihn weiterhin wortlos an. ‚Sie machen anscheinend nicht viele Worte, das gefällt mir'. Ich nickte abermals. ‚Okay, ich mache Ihnen einen lukrativen Vorschlag. Doch zuerst darf ich mich Ihnen vorstellen, mein Name ist Vincent van Straaten. Aber alle nennen mich nur Vince'. Dabei warf er sich in Positur."
Er ahmte ihn nach und Daisy lächelte gequält.
„Ben, nun komm mal zu Potte."
„Schon gut, Daisy, aber er redete fast die ganze Zeit und ich brauchte nur zu nicken und ja oder nein zu sagen. Es war irgendwie absurd, als wenn er genau wusste, was ich wollte."
„Und was wolltest du?"
Ben wich ihrer Frage aus.
„Er bot mir aufgrund meines Aussehens und meiner Herkunft einen Job als Kurier in Irland an."
Ungeduldig trommelte Daisy mit den Fingern auf dem Lenkrad.
„Als Kurier wovon, Ben?"
„Unverzolltem Whisky von Irland nach England."
Wütend fuhr Daisy ihn von der Seite her an.
„Du willst mir doch nicht im Ernst erzählen, nur weil du ein Westeuropäer mit schottischem Dialekt bist, wirst du in Afrika zum Whisky schmuggeln angeheuert? Ben, jetzt eiere nicht rum! Du solltest Drogen schmuggeln!"

„Nein, nein! Anfangs war es nur Whisky, doch dann, beim letzten Mal, wurden Kokainpakete angeliefert."
„Kokain? … Und?"
„Ich sollte dafür dann das zehnfache Transportgeld bekommen."
„Und? Lass mich raten … Du hast es gemacht!"
„Ich … ich wollte doch meine Schaffarm haben."
Daisy schnappte nach Luft und stoppte abermals den Wagen mit einer Vollbremsung. Ihr Gesicht versteinerte und die Augen begannen böse zu funkeln.
„Rauschgift für eine Schaffarm? Sag mal, bist du noch ganz bei Trost? Ich habe im Krankenhaus genug Junkies erlebt. Armselige Typen, menschliche Wracks waren das. Und an denen wolltest du mitverdienen?"
Ben rutschte unruhig auf seinem Sitz hin und her und wagte es nicht, sie anzusehen. Daisy wiederum sah, wie sich das Bild ihrer friedlich grasenden Zebraherde in der Savanne langsam im Nichts auflöste. Sie spürte, dass sie sich jetzt entscheiden musste. Entweder ihren Traum aufgeben und zurück nach Wales oder weitermachen.
„Also gut, Ben. Bis dahin glaube ich dir. Was ist nun in dieser Nacht zum Dienstag passiert? … Und bitte keine Märchen."
Ben traute sich wieder, sie kurz anzusehen.
„Okay. Also, ich hatte tags zuvor in Sandy Haven einen von diesen Camping-Bungalows als Tarnung gemietet und einen unauffälligen Leihwagen.
Die Ware wurde spät abends mit einem Fischerboot von Irland aus bis kurz vor die drei Meilenzone gebracht.

Dort wurde sie von uns mit einem Motorboot, das vom Küstenradar nicht erfasst werden konnte, in Empfang genommen. Die Ware habe ich dann am Strand übernommen und gleich in den Leihwagen gepackt. Der Bootsführer wurde von mir bezahlt und verschwand. Da die Ware erst nach Mitternacht übergeben und bezahlt werden sollte, fuhr ich den Wagen zurück zum Bungalow. Dort steckte ich die Wagenschlüssel ins Auspuffrohr und mir nur eine kleine Warenprobe in die Tasche. Dann ging ich zu Fuß zum Strand zurück, lehnte mich dort an einen Bootstrailer und wartete."

Er machte eine Pause. Doch Daisy ließ ihm keine Zeit.

„Weiter, was ist dann passiert?"

„Ich weiß es nicht mehr genau. Plötzlich nahm ich einen Schatten neben mir wahr. Ehe ich noch reagieren konnte, traf mich etwas Hartes am Kopf und ich verlor die Besinnung."

Er machte abermals eine Pause.

„Als ich wieder zu mir kam, lag ich gefesselt in einem Boot, das langsam absoff und mit der Strömung auf das offene Meer raus trieb. – Meine Zeit auf dieser Welt ist wohl abgelaufen – dachte ich noch, bevor ich wieder die Besinnung verlor. Den Rest der Geschichte kennst du ja."

Daisy blickte nachdenklich in die Landschaft.

„Ich verstehe nicht, warum du ausgerechnet mit Drogen Geld verdienen wolltest. Es gibt doch noch andere Möglichkeiten, um Geld zu verdienen, auch in Afrika, oder liege ich da falsch?"

„Daisy, verstehst du nicht? Ich war doch da noch der Charly, der, der möglichst schnell auf eigenen Beinen stehen wollte!"
Daisy schüttelte den Kopf.
„Aber mit Drogen Geld verdienen!?"
Bens Stimme wurde spürbar aggressiv.
„Ja, weil ich doch der Charly war und nicht ich, der Ben! Verstehst du das nicht?! Jetzt würde ich so was nicht mehr machen, denn ich weiß ja jetzt wieder, wer ich bin. Ben, ein Waisenkind. Und glaub mir, das fühlt sich auch nicht viel besser an als Brudermörder oder Drogenkurier. Weißt du eigentlich, wie es sich anfühlt, Waise zu sein? Keine Eltern mehr zu haben? Immer nur den Heimschwestern zu gehorchen, sich für's Essen und Schlafengehen in einer Reihe anstellen zu müssen? Weißt du, wie es ist, kein Geld zu haben, immer um alles bitten zu müssen, Tag für Tag?"

Er sprang aus dem Wagen und ging die Straße entlang. Einen Moment lang saß Daisy wie vor den Kopf gestoßen hinterm Lenkrad. Sie sah ihre eigene Kindheit vor sich. Da war keine Not. Sie bekam fast immer alles erfüllt, was sie sich wünschte, denn Mom versuchte, ihr ein glückliches, zufriedenes Leben zu geben.
– Aber war ich jemals glücklich? – ging es ihr durch den Kopf – oder zufrieden? –
Sie hatte immer gespürt, dass ihre Mom versuchte, etwas an ihr wiedergutzumachen. Tante Evelyn hatte anfangs nichts über ihre jüngere Schwester erzählt. Erst vor gut einem Jahr hatte sie ihr dann einige Dinge aus der Zeit vor ihrer Ehe mit Dad anvertraut.

Sie blickte Ben nach, wie er die Straße entlang marschierte. Nein, Ben war kein Brudermörder oder habgieriger Mensch oder gar Drogendealer, er wollte nur seine Träume erfüllen. Aber genau das wollte sie ja auch. Sie stieg aus dem Wagen und lief ihm nach.
„Ben, bleib bitte stehen, bitte! Ich glaube dir ja, aber es ist mir alles so fremd, was du da sagst. So bleib doch bitte stehen!"
Ben verlangsamte seine Schritte, stoppte, drehte sich um und als sie ihn eingeholt hatte, schaute er ihr lange in die Augen.
„Und du hast wirklich nichts gegen Waisenkinder?"
„Nein, Ben, und nochmals nein."
Sie versuchte, ihn zu umarmen, er ließ es zu.
„Okay, Daisy, dann weiter mit uns, du fährst wieder."

Wortlos fuhren sie weiter, dann durchbrach Daisy das Schweigen.
„Ben, was für einen Plan hast du eigentlich? Das mit Samhuinn oder Halloween und den Seelen, die dann frei werden können, was meinst du damit? Und was hast du mit MacBlunt vor?"
Ben kratzte nachdenklich sein unrasiertes Kinn.
„Es ist nur so eine Idee, kein fester Plan."
„Dann versuch doch bitte, mir wenigstens deine Idee zu vermitteln, also?"
Er atmete tief durch und strich sich mehrmals über seine Bartstoppeln.
„Damals vor siebzehn Jahren, als wir unsere Mom begruben, habe ich Len auf dem Friedhof das Versprechen gegeben, dass, wenn er jemals in ein tiefes,

dunkles Loch fallen sollte, ich ihn da wieder herausholen werde."
Daisy blickte etwas verständnislos zu ihm hin.
„... oookaaayyy! Aber was hat das mit MacBlunt zu tun?"
Ben schloss die Augen und versuchte, die Bilder von damals aufzurufen, bevor er antwortete.
„Um das Geld abzuholen, habe ich Len überredet mit an Bord zu kommen. Ich war damals sicher, dass bei der Übergabe nichts passieren kann. Aber dann lief doch alles schief. Len wollte gleich wieder von Bord und Mac Blunt ist sofort hinterher und hat ihn mit 'nem Schraubenschlüssel einfach erschlagen, einfach so ..."
Seine Stimme versagte und er konnte nicht weitersprechen. Sie bremste den Wagen ab, fuhr auf den Randstreifen und legte ihre Hand behutsam auf seinen Arm.
„Willst du mir damit sagen, dass du jetzt MacBlunt dafür auch umbringen willst, oder was?"
„Nein, Daisy, ich will von ihm nur ein Geständnis, dass er es getan hat und warum. Denn nur, wenn MacBlunt den Mord eingesteht, kommt Lens Seele aus dem Dunkel raus. Morgen ist Samhuinn, da kann seine Seele aufsteigen und wieder frei sein."
Sie blickte Ben besorgt an.
„Ja, und wie stellst du dir das vor? MacBlunt lässt sich nicht so einfach in die Enge treiben, um zu gestehen. Das solltest du wohl doch lieber der Polizei überlassen."
„Daisy, was glaubst du denn? Wird man mir, einem gesuchten Brudermörder, Drogendealer, dazu noch Waisenkind mit polizeilicher Akte, glauben?"

Sie hatte keine Ahnung, schüttelte nur den Kopf.
„Ich weiß es nicht, keine Ahnung."
Verlegen räusperte er sich, schaute sie dann an.
„Und du? Was ist dann mit deiner Geschichte, deiner Vergewaltigung? Soll das dann alles vor Gericht wieder aufgerührt werden?"
Sie schüttelte abermals den Kopf. Nein, die alten Bilder und Ängste sollten nicht wieder zurückkommen.
Er spürte, wie das alles wieder in ihr aufsteigen wollte, und legte seinen Arm um sie.
„Nein, Daisy, das wollen wir beide doch nicht!"
Sie blickten sich lange schweigend an.
„Du hast recht, Ben, ich glaube, wir müssen einen Schlussstrich unter unsere Vergangenheit ziehen."
„Was meinst du mit Schlussstrich ziehen?"
„Ja, hast du dich denn noch nicht gefragt, warum ich all das hier mit dir mitmache?"
„Äh, ja schon."
„Aha, dann solltest du mich wohl auch mal fragen."
Erstaunt von ihrer Offensive schnappte er nach Luft.
„Ja, …äh also, willst du etwa von zu Hause weg?"
Sie packte das Lenkrad so fest an, als wolle sie sofort mit Vollgas losfahren. Ihre Augen strahlten eine wilde Entschlossenheit aus.
„Was sonst, Ben?! Mich hält hier nicht viel. Mit dem Tod von Dad war meine gute Kindheit vorbei. Als Mom dann zu diesem MacBlunt zog, wurde nichts besser, im Gegenteil, wie du weißt. Und was Tante Evelyn mir von Mom erzählt hat … Aber das ist ihr Problem."
Daisy schüttelte dabei ungläubig ihren Kopf.

„Vielleicht erzähle ich es dir später einmal. … Jedenfalls ist das einer der Gründe, warum ich von hier fort will. Ein weiterer Grund wäre … "
Sie packte das Lenkrad noch fester, schluckte trocken.
„… ich will auch nach Afrika … mit dir!"
Ben war angesichts so viel Offenheit sprachlos und brauchte eine gefühlte Ewigkeit, um darauf reagieren zu können.
„Okay, Daisy. Vorausgesetzt es klappt alles, wie ich mir das so vorstelle, dann komm mit mir. Bedenke aber, Afrika ist kein Paradies, das wird keine Urlaubsreise. Und für mich wird es eine Reise ohne Rückkehr sein."

Er fischte die letzte Flasche Wasser vom Rücksitz und reichte sie ihr rüber. Nach ihr nahm er einen Schluck.
„Sollte das hier schieflaufen, Daisy, dann werde ich alle Schuld auf mich nehmen. Das verspreche ich dir."
„Das wäre dann dein Plan B?"
„Wenn's sein muss, ja."
„Danke. Und wie sieht nun dein Plan A aus? Wie willst du MacBlunt zur Rede stellen?"
„Ich werde ihn anrufen und sagen, dass ich noch lebe und alles gesehen habe, wie damals auch."
„Ja und dann … gibt der alles zu? … Und dann ist Friede, Freude, Eierkuchen? … Und Lens Seele ist dann frei?"
„So ungefähr dachte ich."
Entgeistert schaute sie ihn an.
„Ben, so wird das nicht funktionieren, der wird dir am Telefon doch keinen Mord gestehen, dafür ist der viel zu ausgebufft. Wenn du von ihm ein Geständnis haben willst, musst du ihn richtig unter Druck setzen und es

wahrscheinlich aus ihm rausprügeln müssen. Das heißt, du musst ihn persönlich treffen, und zwar an einem Ort, wo ihr ungestört seid."

Erstaunt blickte er sie an.

„Du meinst, so was wie ein Lost Place? In Dundee?"

„Genau! Wo du ihm Aug in Aug gegenüberstehst."

Ben überlegte eine Weile.

„Ich wüsste da schon was. Die alte stillgelegte Jutefabrik. Len und ich haben da als Kinder oft gespielt. Das wäre ein guter Ort, da kenne ich mich aus. Ich werde ihn nachher anrufen und da hinbestellen."

Daisy schüttelte den Kopf.

„Nein, Ben, darauf wird der garantiert nicht hereinfallen. Der braucht schon einen viel größeren Anreiz, um zu aufzutauchen … und zwar mich!"

Ben sah fragend in Daisys Gesicht, das wilde Entschlossenheit zeigte.

„Auch ich habe einen Plan. Hör gut zu, Ben …"

🌐 Vor Newbridge-on-Wye, Wales
Mittags 13:00 Uhr

– Plopp, plopp, plopp – Der Wagen zog schlagartig nach rechts. Burns reagierte blitzartig, steuerte gegen und bremste ab.

Wütend schlug er mit der Faust aufs Lenkrad, das sich mit einem Hupgeräusch bedankte.

Vorsichtig lenkte er den Wagen auf den Seitenstreifen, stieg aus, besah sich den Schaden und beschloss, sich die Hände in diesem Fall nicht selbst schmutzig zu machen, sondern es den Leuten von der Straßenwacht zu überlassen. Er wählte die Notrufnummer des Automobilclubs und wurde sofort mit der nächstgelegenen Vertragswerkstatt verbunden. In circa fünfzehn Minuten sollte der Werkstattwagen kommen. Entspannt lehnte er sich zurück und schloss die Augen.

Ein kräftiges Klopfen an der Seitenscheibe riss ihn aus all seinen Träumen. Er war doch tatsächlich eingenickt.

„Guten Tag, Sir. Würden Sie bitte Ihren Kofferraum öffnen? Wir benötigen Ihr Reserverad."

Burns öffnete die Augen, checkte kurz die beiden Typen, die da draußen in ihren grauen, ölverschmierten Overalls standen, erst dann betätigte er die Entriegelung und stieg aus.

„Okay, Jungs, dann legt mal los, ich hab's etwas eilig."

„Kein Problem, Sir, vorausgesetzt, dass nur Ihr Reifen platt und sonst nichts weiter kaputt ist."

Der Kollege hatte mittlerweile den Kofferraum geöffnet und machte ein betrübtes Gesicht.

„Sir, es tut mir leid, aber da ist kein Reserverad.“
Burns erinnerte sich, dass er kürzlich in dem Ersatzrad Ware transportiert hatte.
„Okay, Jungs… und was nun?“
„Kein Problem, Sir. Wir nehmen Sie auf dem Haken mit zur Werkstatt. Außerdem sieht ihre Felge nicht gut aus. Müssen wir prüfen. Okay?“
Burns überlegte, einen Leihwagen zu nehmen. Verwarf aber sogleich den Gedanken, denn im Kofferraum lag noch seine Tasche mit den ‚Spezialwerkzeugen‘, die wollte er so nicht aus den Augen lassen. Zudem hatte er eventuell Charly bei sich, das könnte Probleme geben.
„Okay, Jungs, dann legt ‘ne Schippe Kohlen drauf.“

Nach kurzer Besprechung mit dem Werkstattboss war klar, Felge samt Reifen sind im Eimer.
„Sorry, Sir, sie haben Spezialfelgen. Sind keine Lagerware, müssen wir erst bestellen, kommen dann morgen Vormittag. Wenn Sie aber unbedingt heute mit Ihrem Wagen weiterfahren wollen, könnte ich Ihnen alternativ zwei Alubreitfelgen mit Reifen anbieten.“
Burns‘ Miene verfinsterte sich kurz.
„Zwei Kompletträder? Warum nicht gleich vier?“
„Sir, wie meinen Sie das?“
Burns machte kurz mit Daumen und Zeigefinger die Bezahlgeste. Der Werkstattboss kapierte sofort.
„Okay Sir, haben wir da.“
Burns blickte auf das trostlose Gewerbegebiet, das sich ihm da draußen vor dem Bürofenster bot.
„Gibt es hier in der Nähe ein passables Café?“

Tankstelle bei Warrington, Cheshire
Nachmittags 14:00 Uhr

Sie waren nun fast zwanzig Stunden unterwegs und hauptsächlich Nebenstraßen gefahren.
Daisy war die letzten Stunden dran mit fahren. Ihre Konzentration wie auch die Getränkevorräte waren mittlerweile aufgebraucht. Beide konnten sie sich jetzt eine schöne kalte Cola vorstellen.
Ben blickte prüfend auf die Autokarte, tippte dann mit dem Finger auf Warrington.
„Die Tankstelle dort sollte unsere sein, ich muss sowieso unbedingt noch mal mit Chuck telefonieren."
„Okay, Ben, wir müssen ohnehin tanken. Aber du kannst doch dafür mein Handy nehmen."
„Lieber nicht, die könnten uns dadurch orten."
„Du meinst, die suchen uns schon?"
„Da bin ich mir ziemlich sicher."
Eine halbe Stunde später erreichten sie Warrington. Am südlichen Ortseingang gab es tatsächlich, wie auf der Autokarte verzeichnet, eine Tankstelle.
„Setz dir die Perücke auf, es muss niemand deinen Kopfverband sehen."
Nach dem Tanken gingen beide in den Shop. Die Kassiererin blickte gelangweilt auf. Autofahrer mit schulterlangen, weißblonden Haaren schienen für sie die normalste Sache der Welt zu sein. Ben wandte sich an die Kassiererin.

„Guten Tag, Miss, haben Sie hier ein Münztelefon, das ich benutzen kann? Es ist dringend, unser Handy streikt mal wieder.“

Die Kassiererin deutete wortlos in die Ecke, wo die Ersatzreifen und Batterien gestapelt waren.

Er ließ sich von Daisy eine Handvoll Münzen geben, warf sie ein, wählte eine lange Nummer. Das Freizeichen war zu hören, dann war die Verbindung hergestellt.

„Chuck? . . . Charlie hier . . . alles reg . . . sal dit môreaand by ons uitwerk? . . . waar presies moet ons gaan? . . . ja, ek weet waar dit is en ek kom met 'n escort. . . met 'n vrou, Daisy. . . nee, geen verdere probleme nie . . .“ [1]

Ben drehte sich zu Daisy um.

„Du hast doch deinen Reisepass dabei?“

Sie nickte.

„Alles goed, Chuck, sy het'n paspoort. Ek sien jou.“ [2]

Ben beendete das Gespräch und legte auf.

Daisy bezahlte das Tanken, das Sixpack Pepsi aus dem Kühlregal, die beiden Flaschen Mineralwasser und sagte beim Hinausgehen zur Kassiererin, die das Gespräch mehr-oder-weniger mitgehört hatte:

„Das war sein Halbbruder aus Südafrika, wir wollen ihn demnächst besuchen.“

---

[1] „Chuck? . . . Charly hier . . . alles okay . . . klappt das morgen Abend mit uns? . . . wo genau sollen wir hin? . . . ja ich weiß, wo das ist und ich komme mit einer Begleitung . . . mit einer Frau, Daisy . . . nein, keine weiteren Probleme . . . "

[2] „Alles in Ordnung, Chuck, sie hat einen Pass. Wir sehen uns."

Draußen lehnten beide sich an die Kofferraumklappe und tranken die erste Pepsi genussvoll auf ex.
„Warum hast du das mit dem Bruder zu ihr gesagt?"
Ben blickte sie fragend von der Seite an.
Daisy schüttelte sich noch den letzten Tropfen aus der Dose, bevor sie antwortete.
„Halbbruder sagte ich. Falls man uns suchen sollte. Einen so auffälligen Typen wie dich, mit diesen Haaren! Sieh doch mal in den Rückspiegel. Wow, nach so einem wird nie gesucht, viel zu ultraverdächtig."
Beide mussten jetzt lachen.
Ben nahm die Autoschlüssel an sich.
„Komm, wir müssen weiter."
„Ben, einen Moment noch. Ich denke, jetzt ist die beste Zeit, ihn wie besprochen anzurufen."
„Willst du etwa noch mal da reingehen? Die könnte doch wieder alles mit anhören, so wie die eben schon die Ohren gespitzt hat."
„Nee, keine Angst, ich nehme mein Handy. Muss nur vorweg die Rufnummernunterdrückung einschalten."
„Okay, dann geh aber etwas zur Seite, damit sie nicht sieht, dass du doch mit dem Handy telefonierst."

Kings Cross Hospital, Dundee
Nachmittags 14:00 Uhr

Sein Telefon klingelte. Widerwillig legte er die Sexlektüre zurück in den Schreibtisch und hob den Hörer ab.

„Elliot MacBlunt, was kann ich für Sie tun?“

„Hallo Elliot, Daisy Dee hier. Überrascht?“

Ihm fiel fast der Hörer aus der Hand. Er traute seinen Ohren nicht und brauchte einige Momente, um sich zu fangen.

„Daisy, was zum Teufel … was willst du?“

„Oh, ich habe mir gedacht, wenn ich schon nach Dundee komme, ruf ich doch mal bei dir an.“

Eine fast vergessene Erregung nahm von ihm Besitz.

„Und wann kommst du hierher?“

„Oh, ich denke, ich werde morgen Abend in der Stadt sein, um mal wieder in der alten Heimat Halloween zu feiern. Wie wär‘s?“

Für einen Moment war er sprachlos und musste tief durchatmen, bevor er antworten konnte.

„Wo und wann genau?“

„Das kann ich dir erst morgen Nachmittag sagen. Ich ruf dich wieder an. Okay?“

Es gab für ihn kein Zögern, kein Halten mehr. Alles, was er wollte, war Daisy. Seine Stimme wurde heiser.

„Ja, okay. Und …“

Sie beendete abrupt das Gespräch. Er schaute auf das Display, keine Rufnummernanzeige. Ab sofort kreisten nur noch Daisybilder in seinem Kopf.

🌐 Tankstelle bei Warrington, Cheshire
Nachmittags 15:00 Uhr

Ihrer Berechnung nach war es klar, die beiden müssten hier vorbeigekommen sein. Sie fuhr auf die Tankstelle, stoppte den Wagen an der ersten Säule, stieg aus und tankte auf. Dabei schaute sie sich unauffällig um. Ihrer Ansicht nach kamen von hier nur zwei Routen infrage. Die nördliche über Blackburn, Harrogate, oder die westliche über St. Helens, Preston, Lancaster. Sie tippte auf die westliche Route, davon ausgehend, dass die beiden weiterhin Nebenstraßen benutzen würden. Das Risiko, auf den Autobahnen oder Nationalstraßen erkannt zu werden, war wegen der vielen Kameraüberwachungen viel zu groß.

Die Kassiererin unterbrach das Zupfen ihrer Augenbrauen, als sie den Shop betrat. Sie hatte schon ihre Dienstmarke in der Hand, steckte sie aber sofort wieder zurück. Hier in Cheshire, also außerhalb von Schottland, hatte sie nur eingeschränkte Dienstbefugnisse. So machte sie jetzt auf Journalistin, ein Beruf, den sie sich anfangs auch mal vorstellen konnte. Sie öffnete ihr Notizbuch und guckte sich interessiert um.
„Guten Tag. Mein Name ist Jennica Swan und ich recherchiere zurzeit zum Landleben in Cheshire. Also speziell zu Menschen, die zum Beispiel an Ihrer Tankstelle zum Tanken, Autowaschen oder Einkaufen vorbeikommen, und hätte da ein paar Fragen an Sie."
Die Kassiererin legte Pinzette und Spiegel beiseite und blickte sie erwartungsvoll an.

„Worum geht's?"
„Ich gehe davon aus, dass Sie heute Tagesdienst haben und hier nicht nur Einheimische tanken oder einkaufen, sondern auch Fremde, die zum Beispiel auf der Durchreise sind."
„So ist es. Da läppert sich am Tag einiges zusammen."
„Nun, dann frage ich Sie doch gleich direkt. Ist hier heute im Laufe des Nachmittags ein junges Paar vorbeigekommen? Beide so um die zwanzig in einem dunkelgrünen Opel Astra Cabrio?"
Die Kassiererin blickte sie ein wenig überrascht an.
„Ja Miss, in der Tat. Mit den Autotypen hab ich's ja nicht so, aber ein grünes Cabrio war's schon."
„Könnten Sie die beiden genauer beschreiben?"
„Also, die beiden, speziell der Mann, sahen schon ein bisschen durchgeknallt und ziemlich fertig aus. Er hatte so 'ne total weiße Perücke auf, die Haare bis über die Schultern. Schien wohl 'ne Verletzung am Kopf zu haben. Sie war ganz okay, nix Besonderes an ihr."
„Haben Sie mit den beiden gesprochen?"
„Nee, die war'n ganz für sich. Haben echt nur getankt und dann vom Münztelefon da hinten aus telefoniert."
Die Kassiererin zeigte in die Ecke, wo die Ersatzreifen und Batterien gestapelt waren.
„Ah ja? Haben Sie mitbekommen, um was es ging?"
„Also Miss, ich bin ja nicht neugierig, aber laut genug war er ja, um alles mit anhören zu müssen. Er hat da irgendwas auf Afrikaans geredet. Mit seinem Halbbruder sagte mir die Frau noch hinterher beim Bezahlen und sie wollen ihn besuchen."

„Ja, und weiter?“
„Nix weiter. Sie haben sich ‘n Sixpack Pepsi und zwei Wasser genommen, dann alles bezahlt. Haben draußen noch am Wagen gestanden und ‘ne Pepsi getrunken, dabei ziemlich viel gelacht. Sind dann weitergefahren, links, die westliche Route, Richtung Norden.“
„Sonst haben die beiden Ihnen nichts erzählt?“
„Nee. Aber wenn Sie mich fragen, die beiden machten auf mich ‘nen total verliebten Eindruck.“
„Wie meinen Sie das?“
„Na ja, als wenn sie auf Hochzeitsreise wären oder zumindest bald heiraten wollen. Wissen Sie, so ganz auf die Schnelle, so was wie ‚auf nach Gretna Green‘ und dann nix wie ab in die Flitterwochen, bevor die Familien das mitkriegen.“
„Das alles haben Sie erkennen können, ohne mit ihnen geredet zu haben?“
Chief Inspector Swan war ‚beeindruckt‘ und fragte sich, wo diese redselige Kassiererin ihre psychologischen Kenntnisse wohl herhatte. Ihr Blick fiel wie zufällig auf den Ständer neben der Kasse mit all den bunten Klatsch- und Promiillustrierten und sie lächelte verständnisvoll.
„Vielleicht haben die beiden ja allen Grund, etwas Derartiges zu tun.“
Sie klappte ihr Notizbuch zu. Noch mehr Infos dieser Art brauchte sie nicht. Ihr war schon klar, dass das die beiden Gesuchten waren. Allerdings ging ihr Gretna Green nicht mehr aus dem Sinn.
Sollten die beiden womöglich …?

Sie hatte keine Ahnung. Zur Sicherheit notierte sie sich die Frage ins Notizbuch.
„Danke für die Infos. Dann möchte ich jetzt bezahlen, nehme noch vier Pepsi und eine kleine Packung Shortbread dazu."

– Bingo – dachte sie, als sie wieder ins Auto stieg – wie ich's mir dachte, die westliche Route –
– Ob die beiden tatsächlich in Gretna Green …? –
Sie schüttelte den Kopf, um sich von diesem Gedankengang zu lösen, dann startete sie den Motor.
Weiter Richtung Norden.

Tankstelle bei Warrington, Cheshire
Nachmittags 16:00 Uhr

Eine Eingebung sagte ihm, dass es Zeit sei, da vorn an der Tankstelle zum Tanken und Telefonieren anzuhalten. Er hatte über zwei Stunden durch die Reifenpanne verloren, das war aber kein Grund für ihn, sie durch rasen aufzuholen. Die Kassiererin blickte lustlos von ihrer Illustrierten auf, als er nach dem Tanken den Shop betrat.

„Guten Abend, Miss. Wo kann ich denn hier mal telefonieren?"

Sie deutete wortlos in die Ecke, dort, wo die Ersatzreifen und Batterien gestapelt waren. Er stellte sich mit dem Rücken zu ihr, sodass sie nicht von seinen Lippen ablesen konnte, was er sagte. Als Erstes wählte er die Nummer der Auskunft. Danach die erhaltene Nummer vom Kings Cross Hospital in Dundee.

Die diensthabende Telefonistin meldete sich prompt.

„Kings Cross Hospital, Sie wünschen bitte? . . . Tut mir leid, Sir, aber Dr. Linney ist schon lange nicht mehr bei uns angestellt . . . Sie ist vor Jahren mit ihrer Tochter nach Wales, gezogen . . . Nein, ihr damaliger Lebenspartner lebt hier noch . . . Einen Moment, ich muss nachschauen . . . Ja, er wohnt noch in der Glenmoy Avenue . . . Ob die beiden noch Kontakt haben? Das weiß ich nicht . . . Sie könnten ihn aber morgen telefonisch hier erreichen. Er arbeitet bei uns in der Verwaltung. Seine private Telefonnummer darf ich Ihnen leider nicht geben . . . Oh, nicht dafür, Sir. Auf Wiederhören."

Burns lächelte zufrieden.
Die Nummer mit dem Studienkollegen von früher zog noch immer. Die Telefonistin war gesprächig genug gewesen, um ihm die notwendigen Infos zu geben. Wenn seine ‚Berufserfahrung' ihn nicht täuschte, dann wird das Töchterchen seinen Vater bestimmt besuchen wollen mit dem Charly im Schlepptau. Für ihn war es klar, dass Daisy nicht als Geisel, sondern freiwillig mitfuhr. Welche Gründe auch immer sie hatte. Er musste nur zusehen, dass er vor ihnen in Dundee ankam.
Aus der Kühltruhe, rechts neben dem Tresen, fischte er sich die letzte Pepsi raus.
„Macht zusammen 42.50 £, Sir. Pepsi scheint ja heute der Renner zu sein."
Burns fixierte sie, er witterte eine weitere Information.
„Wie meinen Sie?"
„Nun ja, vor zwei Stunden kam so 'n seltsames junges Pärchen hier vorbeigefahren. Er mit so 'ner weißen schulterlangen Kunsthaarperücke. Meinte wohl, man würde den Kopfverband darunter nicht sehen. Sah richtig fertig aus, der Typ!"
Burns setzte sein teilnahmsvolles Gesicht auf, nickte und hakte nach.
„Vor zwei Stunden, sagten Sie?"
„Ja, und die haben auch von da hinten telefoniert. Er redete irgendwas auf Afrikaans. Mit seinem Halbbruder, sagte die Frau. Wollen ihn besuchen. Und dann haben sie sich noch'n Sixpack Pepsi gekauft."
„Nur so interessehalber, Miss, in welche Richtung sind die beiden denn weitergefahren?"

Burns hob fragend seine linke Augenbraue.
„Richtung Norden, Sir. Die beiden scheinen ja irgendwie berühmt zu sein.“
„Berühmt?“
„Na ja, so vor ‘ner Stunde etwa kam hier ‘ne Journalistin vorgefahren und fragte mich total aus nach denen. Wie und was die beiden hier denn gemacht haben und so. Wusste auch genau, welches Auto die fahren und so. Schon komisch.“
Burns hakte nach.
„Was war denn mit dem Auto?“
„Ach, das war nur so‘n grünes Opel Astra Cabrio, gar nix Besonderes. Sie hatte sich dann auch vier Pepsi genommen und ist ebenfalls Richtung Norden. Fährt denen wohl hinterher.“
Burns lächelte, deutete dann auf ihre Illustrierte.
„Wer weiß, vielleicht steht ja schon nächste Woche was von denen da drin.“
Er legte das Geld passend auf den Tresen.
„Ach, eine Frage noch. Haben Sie vielleicht zufällig die beiden Autokennzeichen erkennen können?“
„Nee, nicht so richtig. Hatten aber beide Kennzeichen von Wales.“
„Danke, Miss. Aber jetzt muss ich auch mal weiter. Richtung Norden.“
Sie schaute dem Wagen nach, wie der ebenfalls Richtung Norden abbog, und überlegte, was der Typ wohl mit den drei anderen zu tun hatte. Dann widmete sie sich wieder ihrer Illustrierten, wohl in der Hoffnung, dort die Lösung zu finden.

🌐 Wythburn Church
Nachmittags 16:00 Uhr

Als sie vor einer halben Stunde die Brücke über den River Kent passiert hatten, waren sie einfach nur dem Hinweisschild ‚Lake District National Park' gefolgt. Daisy nahm die Taschenlampe zur Hilfe, um sich bei der langsam einbrechenden Dämmerung auf der Straßenkarte zu orientieren.
„Wenn ich das richtig sehe, sind wir jetzt auf der A5074 und müssen in Bowness-on-Windermere auf die A592 wechseln."
Ben brummelte etwas Unverständliches, da er voll auf die schmale Straße konzentriert war.
Sie leuchtete auf der Karte noch weiter nördlich.
Plötzlich gab sie einen Überraschungslaut von sich.
„Oh! Da liegt ja Wythburn Church! … Ben? Hättest du etwas dagegen, wenn wir einen klitzekleinen Umweg zum Grab meines Vaters fahren?"
Ben nahm den Fuß vom Gaspedal, dann schaute er sie entgeistert von der Seite her kurz an.
„Ist das dein Ernst?"
„Ja, sicher. Ich spüre jetzt spontan den Wunsch, ihn zu besuchen."
„Daisy, es wird bald dunkel und wir wollen noch nach Dundee."
„Ben, DU willst schnellstmöglich dahin. Ich aber möchte an seinem Grab einen kurzen Stopp einlegen. Das wird doch wohl möglich sein, oder? Außerdem ist das jetzt mein erster von den drei Wünschen ans Leben."

Ben wusste, dass sie ihren richtigen Vater früh verloren hatte und es keinen Sinn hatte, mit ihr darüber zu streiten.
Len und er hatten ja ebenfalls den frühen Tod des Vaters nicht wirklich verarbeiten können.
„Okay, Daisy, wie weit ist es denn da hin?“
„Schätze so ungefähr 30 Kilometer. Du musst nur hinter Windermere nach links auf die A591 abbiegen.“
Ben gab wieder Gas.

In Wythburn Church angekommen, parkten sie auf dem leeren Parkplatz in der dunkelsten Ecke.
Direkt neben der kleinen Kirche, aus massiven Feldsteinen erbaut, lag der Friedhof, umgeben von einer halbhohen Mauer, ebenfalls aus Feldsteinen.
„Weißt du denn noch, wo er liegt?“
„Klar. Gleich links neben der Kirche, zweite Reihe, fast in der Mitte.“
Sie gab Ben die Taschenlampe und stieg aus, hielt einen Moment inne, um sich dann zu bekreuzigen.
„Komm bitte mit mir mit, ich gehe voran.“
Daisy zog Ben, der mittlerweile auch ausgestiegen war, hinter sich her.
„Nun komm, es wird bald dunkel und ich möchte das Grab noch bei Tageslicht sehen.“

Hinter Farleton
Nachmittags 16:00 Uhr

Chief Inspector Swan stoppte vor der nächsten Kreuzung. Welche Strecke haben sie genommen? Sie hatte die Qual der Wahl. Weiterhin Nebenstraßen oder nehmen die beiden doch die M6 Richtung Norden und fahren über Gretna Green?
Als sie die Straßenkarte vom Beifahrersitz nehmen wollte, um sich zu orientieren, klingelte ihr Handy. Sie blickte aufs Display: ‚Police Scotland HQ Dundee'.
" Chief Inspector Swan . . . Ah, Sergeant Lindsey, gibt's was Neues? . . . Neuigkeiten über Daisy Dee? . . . Was haben Sie denn rausgefunden? . . . Ihr Vater ist unter falschem Namen abgestürzt . . . Wie das? . . . Über Lockerbie? . . . Natürlich erinnere ich mich daran . . ."
Sie nahm die Straßenkarte zur Hand.
„Ich hab's gefunden, ist gar nicht so weit ab von meiner Rückfahrtroute . . . Und was sagten Sie, wo ist er begraben? . . . In Wythburn? . . . Ja, ich sehe, das liegt etwas weiter südlich davon . . . Sie meinen? . . . In Wythburn Church? . . . Danke, Sergeant, ich habe alles notiert."
Sie beendete das Gespräch, schloss die Augen, überlegte und versuchte das soeben Gehörte einzuordnen. Dann blickte sie abermals auf die Straßenkarte, nickte zustimmend, fuhr dann los.
Ein entschlossenes Lächeln umspielte ihren Mund.
„Ich kriege euch!"

🌐 Wythburn Church
Später Nachmittag 17:00 Uhr

Keine zwanzig Meter rechts hinter dem Durchlasstor in der zweiten Reihe fanden sie es. Ein schlichter Sandstein ohne Schnörkel. Nur mit seinem Namen, Geburts- und Todestag. Ben versuchte sich zurückzuziehen, um sie mit ihrem Vater allein zu lassen, doch Daisy fasste seine Hand und hielt sie fest.
„Bitte bleib. Ich fühl mich besser so."
So standen sie beide eine Weile wortlos am Grab. Ben spürte Daisys stumme Zwiesprache mit ihrem Vater.
Sie schaute auf, blickte zuerst zum Himmel, dann zu Ben.
„Komm, vielleicht gibt es in der Kirche Kerzen. Wir könnten dann eine für ihn anzünden."

Ben schob den großen eisernen Querriegel zur Seite, öffnete dann vorsichtig die Tür. Links neben dem Eingang gab es ein kleines Regal, in dem sich abgegriffene Gesangsbücher stapelten, gleich daneben einen Karton mit Teelichtern sowie eine Blechdose fürs Geld und eine Schachtel Streichhölzer. Sie nahm sich ein Licht und blickte Ben an.
„Und du? Willst du nicht auch, für deine Familie?"
„Ja, natürlich, für Ma, Pa und Len."
Er griff ebenfalls in den Karton, nahm sich drei Stück sowie die Streichhölzer und schaute sich danach kurz in der Kirche um.
Daisy kniete währenddessen nieder, bekreuzigte sich abermals und sprach ein kurzes Gebet. Dann gingen

beide nach vorn zum Altar, zündeten ihre Lichter an und setzten sich in die vorderste Sitzreihe.

So vergingen Minuten, in denen sie nur dasaßen, dem Flackern der Teelichter zuschauten und ihren Gedanken nachhingen.

Die Dämmerung begann langsam in Dunkelheit überzugehen.

Daisy durchbrach die andachtsvolle Stille.

„Weißt du, ich habe meinen Vater kaum gekannt. Alles, was ich über ihn weiß, habe ich von meiner Mom."

Sie schluckte mehrmals, schaute dann zu Ben.

„Möchtest du meine Geschichte hören?"

Ben fasste ihre Hand.

„Ja, bitte."

„Wie du weißt, meine Mom ist Ärztin. Sie hat früher für die Organisation ‚Ärzte ohne Grenzen' gearbeitet. 1982 auf einem Kongress in Genf lernte sie meinen Vater kennen. Er war Logistiker und arbeitete schon länger für die Organisation. Sie heirateten wenige Wochen später, waren dann gemeinsam im Sudan und in Indonesien tätig. Dann, zwei Jahre später, wurde Mom mit mir schwanger. Sie ging zurück nach Schottland und ließ sich im Kings Cross Hospital anstellen. Mein Vater war weiterhin weltweit für ‚Ärzte ohne Grenzen' unterwegs. Kurz vor Weihnachten, es war der 21.12.1988, sollte er für einen erkrankten Kollegen einspringen und nach New York fliegen. Er flog, da die Zeit knapp war, mit dem Ticket des Kollegen, also unter falschem Namen. Die Kontrollen an den Flughäfen in London waren damals noch ziemlich lasch …"

Daisy hielt inne und atmete tief durch.
„... Dann, um 19.30 wurde das Flugzeug in die Luft gesprengt und stürzte hier in der Nähe, in Lockerbie ab. Zuerst hieß es, mein Vater steht nicht auf der Passagierliste und Mom dachte, er wäre dann doch nicht mitgeflogen. Am nächsten Tag war aber klar, dass er unter falschem Namen an Bord war."
„Mom hat ihn hier begraben lassen, da er in Wythburn geboren wurde. Seine Eltern lebten damals hier. Nach einem Jahr sagte Mom ‚das Leben muss jetzt wieder weitergehen. Kurze Zeit darauf zogen wir zu diesem Elliot MacBlunt ins Haus. Sie hatte ihn im Krankenhaus kennengelernt. Ich glaube, Mom wollte nicht mehr allein sein. Er war immer da, wenn sie heimkam. Nicht so wie mein Vater, der ja ständig unterwegs gewesen war. Und die ersten Jahre war Elliot richtig nett und freundlich zu mir. Dann aber, ab meinem zwölften Geburtstag, änderte sich das schlagartig. Ich weiß es noch ganz genau, als Mom in ihrer Ansprache, die sie jedes Mal hielt, bevor sie mir die Geschenke gab, sagte: ‚DDee, mein kleines Mädchen, nun bist du keins mehr. Jetzt bist du schon zwölf und ab dem Alter durften damals, hier in Schottland, die Mädchen eine Ehe ohne elterliche Zustimmung schließen'. Ich denke, ab da hatte bei Elliot etwas ‚klick' gemacht. Immer, wenn Mom Spät- oder Nachtdienst hatte und wir beide allein im Haus waren, begann er mich fast jedes Mal körperlich zu bedrängen."
Ben schaute in ihre Augen, in denen sich das Kerzenlicht spiegelte und die jetzt zu glänzen begannen, als sich aus ihnen Tränen lösten.

„Du meinst, wie das, was ich damals gesehen habe?“
„Nein. Anfangs sollte ich nur ganz dicht bei ihm sitzen, wenn wir gemeinsam vor dem Fernseher saßen. Doch später wollte er mehr und auch dabei sein, wenn ich badete und …“
Daisys Stimme brach und sie konnte nicht mehr weitersprechen.
„… und er wollte dich waschen.“
Ben vollendete ihren Satz, dabei schaute er geradeaus in die Teelichter. Bilder von früher aus dem Waisenhaus stiegen in ihm auf. Jetzt war es Daisy, die ihn überrascht ansah.
„Du … du hast Ähnliches erlebt?“
Ben nickte wortlos, hielt aber weiterhin ihre Hand.
„Erzähl bitte weiter von dir, wenn du magst.“
Sie spürte, dass er über Teile seiner Vergangenheit noch nicht sprechen konnte und beließ es vorerst dabei. So saßen sie wieder schweigend, Händchen haltend und blickten gemeinsam in die Flammen.
Nach ein paar Minuten erhob sich Daisy.
„Du, Ben? Ich möchte mich von meinem Vater verabschieden. Lass uns bitte nochmals kurz zum Grab gehen, es ist ja noch nicht dunkel.“
„Daisy, bitte, ich möchte jetzt gerne weiterfahren.“
Sie schaute ihn flehentlich an.
„Bitte, Ben! Nur ganz kurz.“
„Okay, Daisy, ist schon in Ordnung.“
Sie waren kaum durch das kleine schmiedeeiserne Tor und hinter der Friedhofsmauer angekommen, als Ben aufhorchte.

„Daisy, psst, da kommt jemand."

Sie sahen, wie sich ein Auto ohne Scheinwerferlicht näherte und langsam auf den Parkplatz zurollte. Es stoppte weit weg von der Kirche an der Friedhofsmauer. Ben duckte sich, zog Daisy ebenfalls mit nach unten und flüsterte.
„Psst, keinen Laut. Wir müssen vorsichtig sein."
Versteckt hinter der Mauer hörten sie ein Handy.
„Chief Inspector Swan . . . Guten Abend, Sir . . . Ob's was Neues gibt, Sir? . . . Nein, noch nicht, keine Verhaftung . . . Die beiden sind noch flüchtig, Richtung Norden . . . Ja, ich verstehe . . . Ja, Sir, ich bin bereits auf der Rückfahrt . . . Verstehe."
Ben beugte den Kopf dicht an ihr Ohr und wisperte.
„Daisy, die suchen uns. Die Frau ist von der Polizei."
Sie hörten die Autotür zuklappen. Ben äugte von Zweigen eines Busches verdeckt vorsichtig über die Mauer. Er sah wie die Frau sich langsam und vorsichtig in Richtung Kirche bewegte. Auch Daisy hatte sich aufgerichtet und schaute ebenfalls in Richtung der Frau.
„Du, Ben, die ist tatsächlich von der Polizei aus Dundee. Ich glaub, sie war es, die damals deinen Bruder identifiziert hat … Und nun? Was machen wir jetzt?"
Dabei sah sie Ben erwartungsvoll an. Er überlegte kurz, dann flüsterte er ihr ins Ohr.
„Daisy, hast du die Autoschlüssel parat?"
„Die stecken noch."
„Okay, dann machen wir Folgendes: Sobald die Polizistin die Kirche betritt, läufst du schnellstmöglich zum Wagen, startest ihn und fährst vor die Kirchentür."

„Und was machst du?“
„Ich laufe zur Kirchentür und verschließe sie von außen. Mir ist vorhin aufgefallen, dass, wenn man den großen Querriegel außen vorschiebt, er von innen nicht zurückgeschoben werden kann. Sie ist so lange eingesperrt, bis jemand von außen den Riegel wieder zurückzieht.“
„Und was ist mit der kleinen Seitentür?“
„Die ist fest verschlossen, hab ich vorhin ausprobiert. Ein Schlüssel steckt nicht. Alles klar?“
Daisy nickte.
Ben beobachtete die vorsichtigen Bewegungen der Polizistin, wie sie erst rechts und links der Kirche schaute, um dann leise, aber zielstrebig auf die Tür zuzuschleichen. Als sie die Kirche betrat und die Tür hinter sich schloss, gab Ben das Zeichen.
„Los jetzt, Daisy!“

Chief Inspector Swan war keine drei Schritte in den dämmerigen Kirchenraum vorgedrungen, als hinter ihr das schabende Geräusch eines eisernen Türriegels zu hören war. Sofort sprang sie zur Tür zurück.
Verriegelt!
Fieberhaft suchte sie nach dem Türöffner.
Vergebens!
Der Türriegel ließ sich anscheinend wohl nur von außen öffnen.
Scheiße!
Die beiden hatten sie gelinkt.
Sie hörte, wie ein Auto vorfuhr, stoppte, eine Tür zuklappte und wie es sich dann schnell entfernte.

Mit wenigen Schritten war sie in der Sakristei. Aber die Seitentür war ebenfalls verschlossen. Hastig suchte sie den kleinen Raum nach dem Schlüssel ab.
Vergebens.
Ihr wurde klar, um hier wieder rauszukommen, müsste sie schon eins von den Kirchenfenstern einschlagen. Lieber nicht, das würde ihr nur eine Menge Scherereien einbringen.
Okay, dann eben das Handy und Hilfe rufen. Zwar unschön, aber besser, als Sachbeschädigung einer Kirche. Shit!
Das hatte sie ja nach dem Anruf vom Chef im Wagen gelassen. Sie machte nochmals die Kontrollrunde. Keine Chance, ohne Sachbeschädigung hier herauszukommen. Okay, dann hieß es eben abwarten. Einen anderen Plan hatte sie nicht.
Dabei war sie sich so sicher gewesen, als sie auf die Stichstraße zur Kirche abbog. Sie hatte es deutlich gespürt, ‚Die beiden sind hier'. Dazu noch das grüne Cabrio auf dem Parkplatz im Halbdunkel. Da war sie sich ganz sicher ‚Ich hab sie'. Stattdessen saß sie hier, gelinkt von zwei Kiddies, ins Kerzenlicht starrend und auf Hilfe von außen wartend.
Da nicht damit zu rechnen war, dass um diese Tageszeit noch jemand die Kirche besucht, versuchte sie es sich auf der Sitzbank möglichst bequem zu machen. Sitzpolster gab es nicht, also legte sie sich auf die schmale Sitzfläche und versuchte sich zu entspannen.

🌐 Hinter Wythburn Church
Abends 19:00 Uhr

Sie fuhren eine Weile wortlos durch die beginnende Nacht. Ben schaute derweil auf den Loch Thirlmere, durchbrach dann als Erster die Stille.
„Puh, das war ganz schön knapp. Die sind uns echt dicht auf den Fersen.“
Daisy blickte weiterhin konzentriert geradeaus und fing dann plötzlich an zu singen:

„Bonnie and Clyde were pretty lookin' people
But I can tell you people they were the devil's children,
Bonnie and Clyde began their evil doin'
One lazy afternoon down Savannah way,
They robbed a store and high-tailed outa that town
Got clean away in a stolen car …“

Weiter wusste sie den Text nicht und summte nur noch die Melodie. Dann mussten beide lachen. Ben sah sie leicht amüsiert von der Seite an.
„Findest du wirklich, dass wir beide etwas von Bonnie und Clyde haben?“
„Ein bisschen schon, denke ich.“
Augenblicke später setzte sie erneut an:

„Daisy and Ben were pretty lookin' people
But I can tell you people they were not bad children,
Daisy and Ben began their freedom doin'
One lazy afternoon down Wythburn Church,
They locked a cop and high-tailed outa that church
Got clean away in a borrowed car …“

Ben schüttelte den Kopf ob so viel Fantasie. Er nahm Straßenkarte und Taschenlampe vom Rücksitz.
„Ich denke, wir sollten von jetzt an, da sie uns so verdammt dicht auf den Fersen sind, die schnellste Strecke in Richtung Dundee nehmen. Bieg doch bitte in Thirlmere rechts ab in Richtung Threlkeld, dann dort rechts auf die A66 bis Redhills und von dort dann auf der M6 Richtung Norden."
Daisy lächelte in die beginnende Dunkelheit, sie wusste, wohin die M6 führte.
„Okay Ben, so machen wir's."

Gretna Green, Heiratsschmiede
Abends 20:00 Uhr

Nach einer knappen Stunde hatte Daisy die achtzig Kilometer auf der M6 ohne weitere Zwischenfälle bis Gretna Green geschafft. Kurz vorm Ortseingang bremste sie ab und fuhr langsam in den Ort, sich suchend umblickend. Ben erwachte aus seinem Halbschlaf, in den er zwischenzeitlich gefallen war.
„Daisy, was ist los? Wo sind wir?"
„Alles gut, Ben. Ich suche nur etwas."
„Und was?"
„Da ist es!"
Sie stoppte den Wagen und bugsierte ihn dann direkt vor einem grell erleuchteten Pub in eine Parkbucht. Bens Augenbrauen hoben sich.
„Was ist los, Daisy? Willst du einen trinken gehen?"
„Nein, Ben. Aber hier haben meine Eltern geheiratet. Ich möchte nur einmal kurz da reinschauen."
„Warum?"
„Weil das mein zweiter Wunsch ist."
„Wie das??"
Erst jetzt schaute Ben genauer auf die Leuchtreklame.
– Hammersmith Pub • weddings day & night – las er.
„Und du bist sicher, dass du da rein willst?"
„Nur ganz kurz Ben, bitte."
Er schüttelte verständnislos den Kopf.
„Okay, Daisy, dein zweiter Wunsch. Aber bitte nur ganz kurz und dann fahren wir weiter."
„Danke, Ben."

Sie hauchte ihm einen Kuss auf die Wange, dann betraten sie den Schankraum.
Der Pub war gut besucht. Wohlvertrauter Geruch von Bier, Whiskey und Tabakrauch schlug ihnen entgegen, dazu Klänge schottischer Volksmusik.
Eine bunte Gästeschar von mindestens dreißig Leuten feierte ausgelassen eine wohl bereits vollzogene Heirat. Die beiden, obwohl Ben noch immer die weiße Kunsthaarperücke trug, wurden kaum beachtet. Daisy zog ihn mit sich, bis sie vor dem Tresen standen.
Dieser nahm fast die gesamte Breite des Raumes ein und wurde nur durch einen Amboss, über dem eine große Schiffsglocke hing, mittig in zwei Hälften geteilt. Dahinter war ein Mann eifrig mit Bierzapfen beschäftigt. Zwischen zwei Zapfungen blickte er fragend auf.
„Nun, ihr beiden Hübschen, was kann ich für euch tun? Gehört ihr denn auch zu dieser illustren Hochzeitsgesellschaft?"
Daisy schüttelte den Kopf.
„Nein, Sir. Es ist nur so, meine Eltern haben damals hier bei Ihnen geheiratet."
„Und nun wollt ihr beide es auch versuchen?"
Dabei blickte er sie mit einem listigen Augenzwinkern an. Jetzt war es Ben, der versuchte, Daisy am Arm zu fassen, um sie vom Tresen wegzuziehen.
„Nein, Sir, sie wollte nur mal kurz hier reinschauen und wir sind auch gleich wieder draußen."
„Nun man nicht so eilig, junger Mann. Die beiden hier gehen aufs Haus."
Dabei schob er ihnen zwei Bier über den Tresen zu.

„Habt ihr denn hier schon mal solch eine Hochzeitszeremonie mitgemacht?"
Beide schüttelten den Kopf und verneinten.
Er schaute kurz in die Runde, ob auch alle mit Getränken gut versorgt waren, dann wandte er sich wieder den beiden zu.
„Okay, dann werde ich sie euch mal kurz erklären. Ist grade nicht viel zu tun."
„Mein Name ist Henry McCormac. Ich bin hier der Wirt vom Hammersmith Pub und zugleich der Zelebrant, also derjenige, der hier auch die Trauungen vollzieht. So, da wären vorweg ein paar Regeln, die ihr einzuhalten habt. Erstens, ihr müsst euch vor der Eheschließung für mindestens einundzwanzig Tage hier in Schottland aufgehalten haben. Zweitens, das Mindestalter für eine Eheschließung ist sechzehn Jahre. Drittens, es wird keine elterliche Einwilligung verlangt. Sagt, erfüllt ihr diese drei Bedingungen?"
Ben und Daisy, von dieser Frage etwas überrumpelt, nickten zustimmend und der Wirt erklärte weiter.
„Ja, so einfach war das früher mal. Heute muss man die Hochzeit anmelden und vorher all der Behördenkram erledigt sein. Der sogenannte Schedule muss von euch ausgefüllt und drei Monate vor dem Hochzeitstermin hier beim Standesamt eingereicht werden. Alles soweit klar?"
Wieder nickten beide zustimmend.
„Nun zur Zeremonie selbst. Die kann von euch frei gewählt werden. Zum einen müsst ihr jeder eine spezielle Formel sprechen, aber dazu kommen wir

gleich. Zum anderen muss der erwähnte Schedule direkt nach der Zeremonie durch euch, das Paar, zwei Trauzeugen und mir, dem Zelebranten, unterzeichnet werden. Er wird euch dann danach ausgehändigt. Ab da habt ihr es dann geschafft. Alles soweit verstanden?"
Daisy blickte zu Ben und knuffte ihn in die Seite.
Woraufhin der nur einsilbig knurrte.
„Ich denke schon."
„Nun gut, ihr beiden Hübschen, dann tretet doch mal vor den Amboss. Ach übrigens, wie heißt ihr eigentlich?"
„Daisy und Ben."
Dabei strahlte sie den Zelebranten an.
„Okay, Daisy und Ben, dann kann es ja losgehen. Also du, Ben, sagst ‚I accept you, Daisy, as my wife' und du, Daisy, sagst ‚I accept you, Ben, as my husband', okay?"

MacCormac holte, während er sprach, einen großen Schmiedehammer hinter dem Amboss hervor, griff zur Schiffsglocke und läutete sie mehrmals kräftig, wobei er ausrief:
„Ladies and Gentlemen, ein weiteres Paar hat beschlossen, hier und heute, die spezielle Formel zu sprechen. Sofern jemand hier im Raume ist, der etwas dagegen hat, so möge er vortreten und die nächste Lokalrunde spendieren."
Allgemeines zustimmendes Gelächter hob an und aller Augen waren nun auf die beiden gerichtet.
„Nun denn, Ben und Daisy, es gilt."
Daisy hielt Ben am Arm fest, denn der wollte schon bei den letzten Sätzen die Flucht antreten.
„Komm, Ben, ist doch nur ein Spaß."

„Nein, Daisy, sowas ist für mich kein Spaß. Komm!"
Damit drehte er sich um und ging schnurstracks zur Tür. Daisy erwachte aus ihrem Tagtraum und stürzte ihm hinterher. Am Auto hatte sie ihn eingeholt.
Er streckte die Hand aus.
„Gib mir bitte die Autoschlüssel, ich fahre jetzt!"

Kurz vor Lockerbie
Abends 21:00 Uhr

Sie hatten Gretna Green schon eine ganze Weile wortlos hinter sich gelassen. Als das Schild der Autobahnabfahrt Lockerbie vor ihnen erschien, brach Ben endlich das eisige Schweigen.

„Daisy, sag, bin ich jetzt für dich ein Spielverderber?"

Sie blickte ihn in der Dunkelheit an, konnte aber seinen Gesichtsausdruck nicht erkennen.

„Nein, Ben. Es tut mir nur leid. Ich konnte ja nicht wissen, was das in dir auslöst. Irgendwie war ich mit meinen Gedanken bei meinen Eltern und wie sie dort gestanden haben und …"

Ben fiel ihr ins Wort.

„Du musst dich nicht entschuldigen. Es war für mich nur so absurd, da vorm Amboss zu stehen und dann diese Sätze zu sagen. Weißt du, meine Mom hat uns damals, Len und mir, von ihrer Hochzeit erzählt und davon, dass sie und Dad ebendiese Sätze gesprochen haben. Die beiden waren sehr, sehr glücklich verheiratet und darum kann ich diese Worte nicht einfach so spaßeshalber und dann noch vor fremden Leuten sagen."

Sie legte vorsichtig ihre Hand auf seinen Arm.

„Bitte verzeih' mir, daran habe ich nicht gedacht."

„Schon okay, Daisy, manchmal geht eben ein Wunsch nicht in Erfüllung. Schau doch mal auf die Karte, wie wir am besten nach Dunkeld kommen."

„Wieso Dunkeld? Nicht Dundee? Was willst du denn da? Und vor allem, wo liegt das?"

Sie nahm die Karte zur Hand und knipste die Taschenlampe an. Ben deutete kurz mit seiner linken Hand Richtung Dundee.
„Schau in Richtung Norden, ungefähr fünfzig Kilometer westlich von Dundee liegt dieses Dunkeld. Da gibt es einen Wald, ‚The Hermitage'. Das Carolina Waisenhaus hat dort eine Waldhütte, in der wir in den Ferien häufiger unsere Freizeiten verbracht haben. Die müsste um diese Jahreszeit unbenutzt sein. Wir könnten da übernachten, bevor wir morgen früh nach Dundee reinfahren."
Sie blickte nochmals auf die Karte.
„Okay, dann fahr jetzt erst Richtung Glasgow, dann Stirling, dahinter auf der A9 Richtung Perth."
Nach einer weiteren Weile des Schweigens.
„Du, Ben? Hab ich jetzt bei dir keinen dritten Wunsch mehr frei?"
Der blickte erst mal eine Weile stur geradeaus, bevor er antwortete.
„Warte doch mal ab. Vielleicht in Afrika, versuch's dann da noch mal."
„Wie noch mal?"
Sie verstand den Sinn nicht.
Ben lächelte in die Dunkelheit.
„Dein zweiter Wunsch vorhin hat nicht funktioniert und zählt nicht."
Sie verstand nicht.
Noch nicht.

Wythburn Church
Kurz vor Mitternacht 23:30 Uhr

Ihr Rücken schmerzte, als sie erwachte. Ein Geräusch hatte sie geweckt. Draußen war es dunkel. Sie schaute im Schein der noch brennenden Teelichter auf ihre Uhr.
Die Nacht auf einer hölzernen Kirchenbank verbringen zu müssen, war nun wirklich kein Vergnügen. Da waren Stimmen vor der Tür. Um diese Zeit? Sie sprang auf, ihr ganzer Körper war jetzt in Alarmbereitschaft. Der äußere Querriegel wurde zur Seite geschoben.
Langsam öffnete sich die Tür.
Mehrere Personen betraten die Kirche, blieben aber abrupt stehen, als sie sie im Kerzenschein sahen und verstummten. Ein älterer Herr mit Bauchansatz, Vollbart und listigen Augen fasste sich als Erster.
„O Miraculum, meine Brüder und Schwestern."
Er musterte sie von oben bis unten.
„Nun, liebe Frau, wie sind sie in dieses Gotteshaus gelangt? Die Tür war von außen verschlossen."
Sie zückte ob dieser etwas seltsamen Ansprache vorsichtshalber ihre Dienstmarke und hielt sie ihm hin.
„Nun, Sir, wenn ein Spaßvogel am Werke ist, so ist man vor Überraschungen nie sicher."
Er schaute lange auf ihre Dienstmarke, kratzte sich dabei den Vollbart, dann zog ein breites Grinsen über sein Gesicht.
„Üblicherweise werden bei uns Übeltäter ins Gefängnis gesperrt, aber Polizisten in Gotteshäuser?"

Erst jetzt lösten sich die anderen aus ihrer Starre, lachten und kamen näher.
„Nun, Chief Inspector, ich darf mich Ihnen vorstellen. Mein Name ist Owen Meaner, Police Sergeant im Ruhestand. Die lieben Leute, die Sie hier hinter mir versammelt sehen, sind, inklusive meiner Wenigkeit, gekommen, um heute zu Halloween hier eine Mitternachtsmesse abzuhalten. Sie sind herzlich eingeladen."
„Danke, Sir, für diese freundliche Einladung, aber die Pflicht ruft. Diesen Spaßvogel aufzustöbern und dingfest zu machen hat bei mir oberste Priorität. Sergeant, meine Damen und Herren, ich wünsche Ihnen einen gesegneten Gottesdienst."
Sie schob sich aus der Sitzreihe und wollte schon zur Tür raus, aber Ex-Sergeant Meaner ließ nicht locker.
„Wenn der Spaßvogel hier aus der Gegend stammt, könnte ich Ihnen vielleicht bei der Suche behilflich sein."
„Danke, Sergeant, für Ihr Angebot, aber der Spaßvogel ist bereits weiter gen Norden geflogen."
„Nun, Chief Inspector, dann wünschen wir Ihnen viel Erfolg beim Spaßvogelfangen."

Kaum zur Kirchentür raus, erhob sich hinter ihr ein babylonisches Stimmengewirr.
Sie eilte zum Wagen und fuhr erst einmal los. Außer Sichtweite der Kirche hielt sie an und checkte ihr Handy.
Zwei Nachrichten:
19:33 Ihre Mutter bat um Rückruf Wieso? War die schon aus Indien von ihrem Guru zurück?
20:25 ‚Police Scotland HQ Dundee': „Guten Abend Chief Inspector Swan, Sergeant Lindsey hier. Ich habe weitere

Neuigkeiten bezüglich Benny McTinn, die interessant sein könnten. Ich hab mich mal im Waisenhaus umgehört. Die Zwillinge hingen wie Pech und Schwefel zusammen und Ben hatte stets seinen Bruder beschützt und verteidigt. Ach ja, dann hatte das Waisenhaus noch eine kleine Ferienhütte im Tay Forest Park. Dort sind die beiden oft gewesen, auch später noch, als sie schon allein wohnten. Die Hütte, zumindest die Reste davon, ist vor knapp zwei Jahren abgebrannt, liegt ungefähr einen Kilometer von dem traumhaft schönen Wasserfall ‚The Hermitage' entfernt. Ich war da schon mal wandern. Wäre für die beiden ein großartiges Versteck. Kurz hinter Dunkeld von der A9 links abbiegen in Richtung ‚The Hermitage', dann vorm Hermitage Car Park rechts auf die Old Military Rd und die bis zum Ende. Kurz davor im Wald stand die Hütte. Dann habe ich noch fol…"
Die Zeitbegrenzung der Mailbox hatte den Rest abgeschnitten. Sie nahm die Straßenkarte zur Hand und schaute nach. Über 300 Kilometer bis dahin, also gut vier Stunden Fahrzeit.
Ihr Gefühl sagte, dass Sergeant Lindsey mit seinem Tipp richtig liegen könnte, zumal die beiden es höchst wahrscheinlich nicht wissen konnten, dass die Hütte abgebrannt ist.

Auch wenn ihr Rücken vom harten Kirchengestühl noch wehtat, sie hatte keine Zeit zu verlieren.
Sie hatte nur diesen einen Wunsch:
‚Ich kriege euch'.

Samhuinn

Tay Forest Park, Dunkeld
Freitag 31.10.2003
Früh morgens 06:00 Uhr

Die Zebras hörten auf zu grasen und hoben ihre Köpfe. Sie witterten Gefahr. Plötzlich kam Bewegung in die Herde und alle galoppierten in Richtung der untergehenden Sonne. Das laute Getrappel der vielen Hufe ließ Daisy aus ihrem Schlaf hochschrecken.
Sie brauchte Sekunden, um sich zu orientieren.
Es war stockdunkel.
Sie lag in einem Auto.
Zusammen mit einem Mann.
Ben.
Sie waren auf der Flucht.
Aus der erhofften Übernachtung in der Waldhütte wurde nichts, als sie die verkohlten Überreste sahen. Ben war den Tränen nah gewesen, so viele Erinnerungen, die da in ihm hochstiegen, doch zum Weinen war er zu müde. So stellten sie sich gegenüber auf die Lichtung und fielen sofort in einen tiefen Schlaf.
Nicht das Hufgetrappel der Zebras, sondern Regentropfen aufs Autoverdeck hatten sie geweckt. Wie spät mochte es sein? Sie wagte nicht, die Innenbeleuchtung einzuschalten, um nachzuschauen. Sie richtete die Rückenlehne ihres Liegesitzes auf. An Schlaf war jetzt nicht mehr zu denken.
Die Wolkendecke riss etwas auf, sodass sie im Sternenlicht die nahestehenden Bäume des Waldes erkennen konnte.

Sie blickte auf den schlafenden Ben neben sich. Was mochte er wohl träumen? Auch von Afrika, so wie sie eben? Er hatte ihr während der Nachtfahrt weitere tolle Abenteuer und Begegnungen von sich erzählt. Von Ländern, von denen sie nicht einmal wusste, wo sie lagen. Von den Menschen und Tieren, die dort lebten. Ben war ein begnadeter Erzähler, dazu noch die tierischen Geräusche, die er perfekt nachahmte.
Sie spürte, dass es ihn wieder dahin zurückzog. Sie lehnte ihren Kopf an die Seitenscheibe und blickte in den dunklen undurchdringlichen Wald. Etwas war mit ihr geschehen. Warum hatte sie sich entschieden, das alles mitzumachen? Was wollte sie vom Leben? Und was von Ben? So genau wusste sie es nicht, aber da war in ihrem Kopf immer wieder dieses Bild der friedlich grasenden Zebras in der warmen Savanne.

Es hatte aufgehört zu regnen. Die Wolkendecke riss auf und die Sterne funkelten jetzt in all ihrer Pracht herab auf die beiden da unten im Cabrio.
Ihre Blase meldete sich.
Sie glaubte, es wagen zu können, das schützende Auto einige Augenblicke für ein dringendes Bedürfnis zu verlassen. Möglichst leise öffnete sie die Wagentür und lehnte sie dann von außen vorsichtig an. Ben schlief weiter. Das Sternenlicht war hell genug und so traute sie sich, die wenigen Meter bis in den Schatten des nahen Waldrandes zu gehen.
Das Moos dämpfte ihre Schritte und nur das welke Laub gab leise raschelnde Geräusche von sich.

Kaum, dass sie fertig war, merkte sie auf. Da war ein Geräusch, das nicht in den nächtlichen Wald passte. Sie blieb im Schatten stehen und horchte.
Ein Auto näherte sich. Der Motorklang kam ihr irgendwie bekannt vor. Doch nicht etwa diese Polizistin? Wie hat die uns nur wieder aufgespürt? Sie sah, wie der Wagen sich auf dem Waldweg langsam und ohne Scheinwerferlicht näherte, dann stehenblieb und der Motor ausgeschaltet wurde.

Sie überlegte kurz, ob sie zurück zum Wagen laufen sollte, um Ben zu wecken. Doch das wäre womöglich unklug, schoss es ihr durch den Kopf, lieber abwarten, weiterhin im Schatten bleiben und beobachten, was passiert. Minuten vergingen, nichts passierte. Dann endlich sah sie, wie eine Person dem Wagen entstieg, im Halbschatten stehenblieb und sich suchend umsah. Für einen Moment konnte sie im Mondlicht das Gesicht erkennen und war sich sicher, dass es sich um diese Polizistin handelte. Sie duckte sich noch tiefer in den Schatten und sah, wie diese Person sich langsam und fast geräuschlos dem Wagen näherte.

Sie versuchte, einen klaren Gedanken zu fassen.
– Was ist, wenn die Ben verhaftet?! Alle meine Wünsche wären dann auf null. Sollte ich mich auch verhaften lassen oder doch lieber hier im Wald verstecken, bis sie weg ist? Wozu? Ein Plan B muss her –

Während sie noch diesen Gedanken nachging, hatte die Polizistin den Wagen erreicht. Mit dem Rücken zu ihr,

riss sie die Tür auf, schaltete ihre Taschenlampe ein und leuchtete Ben damit voll ins Gesicht.
Ben schreckte aus seinem Tiefschlaf hoch.
„Bernhard McTinn, hiermit verhafte ich Sie wegen des Mordes an Ihrem Bruder Lennard McTinn.“
Dabei stand sie mit leicht angewinkelten Beinen in gebeugter Haltung in der Wagentür, bereit ihn am Hochkommen zu hindern.

Daisy überlegte fieberhaft, was sie tun könnte.
– Was hatte Ben ihr noch von den Jägern in Afrika erzählt? ‚Du schleuderst kleine Steine über die Tiere hinweg auf die andere Seite und die schauen dann zu dem Geräusch hin‘. Genau, das war's! –
Vorsichtig tastete sie den Waldboden nach Steinen ab. Sie hatte Glück, seitlich von ihr lagen mehrere große. Sie löste möglichst lautlos drei handliche Stücke aus dem moosigen Waldboden.

Der erste Stein flog.
Die Polizistin blickte tatsächlich, als sie Ben seine weiteren Rechte erklären wollte, in Richtung des Geräusches. Daisy machte dabei auf dem moosigen Waldboden mehrere schnelle lautlose Schritte auf den Wagen zu.
Der zweite Stein folgte und weitere Schritte.
Die Polizistin leuchtete in Richtung des Geräusches.
Der dritte Stein flog.
Als sie sich aufrichtete, um besser schauen zu können, war Daisy auch schon hinter ihr und fegte sie mit einem gekonnten De-Ashi-Barai, einem Fußfeger wie sie ihn

beim Judo gelernt hatte, aber unfair, da von hinten, von den Füßen.
Da lag sie nun, hilflos wie ein Maikäfer, der vom Blatt gefallen ist, auf dem Rücken.
Ben, mittlerweile hellwach, wälzte sich blitzschnell vom Liegesitz rittlings auf sie, umklammerte ihre Handgelenke und presste sie auf den Boden.
Trotz ihrer Sportlichkeit war sie außerstande, sich zu wehren, und so zischte sie Ben an:
„Lassen Sie mich sofort los! SIE sind verhaftet! Was Sie hier machen, ist Widerstand gegen die Staatsgewalt!"
„Sorry, Inspector, aber ich möchte nicht von Ihnen verhaftet werden."
Unter seiner körperlichen Last von gut achtzig Kilo konnte sie lediglich zurückkeuchen.
„Für Sie bin ich noch immer Detective Chief Inspector Swan."
Ben zwang sich ein Lächeln ab, das in der Dunkelheit von ihr aber nicht so richtig wahrgenommen werden konnte.
„Okay, Detective Chief Inspector Swan."
Er blickte jetzt zu Daisy hoch.
„Gut gemacht. Hol mir bitte die Paketschnur aus dem Kofferraum. Wir werden den Schwan ein wenig am Weiterfliegen hindern. Ganz ruhig, Detective Chief Inspector Swan, es wird Ihnen nichts weiter passieren."
Minuten später hatte er sie an den Händen gefesselt und auf den Rücksitz ihres Autos verfrachtet. Er überprüfte nochmals die Fesselung, nickte ihr dann zu.

„Alles wird gut, Detective Chief Inspector Swan, wir sagen nachher Ihren Kollegen auch Bescheid, wo genau Sie sind."

Chief Inspector Swan hielt angesichts ihrer wenig hoffnungsvollen Lage lieber den Mund, blickte ihn dafür aber mit hasserfüllten Augen an.

„Entspannen Sie sich doch ein wenig, Detective Chief Inspector Swan."

Ben öffnete, um für eine bessere Durchlüftung zu sorgen, zwei Fenster einen Spaltbreit, dann schloss er die beiden Türen.

„Okay Daisy, es wird Zeit für die Weiterfahrt."

🌐 Tay Forest Park, Dunkeld
Vormittags 09:00 Uhr

Ihr Handy auf dem Beifahrersitz klingelte und riss sie aus dem Dämmerschlaf. Sie wollte danach greifen, stellte dann aber fest, dass sie auf dem Rücksitz ihres Leihwagens gefesselt lag und nicht drankam. Plötzlich wurde an die Seitenscheibe geklopft, sie blickte erschrocken auf.

„Guten Morgen, Chief Inspector Swan. Haben Sie gut geschlafen?“

Draußen stand Sergeant Lindsey und blickte sie lächelnd durch die Seitenscheibe an.

„Sergeant Lindsey, Sie hier?“

„So ist es. Sie haben sich gestern Abend und auch heute Nacht nicht mehr bei uns gemeldet. Da mussten wir Sie eben suchen und finden.“

„Haben Sie, Sergeant. Jetzt binden Sie mich bitte los.“

Er öffnete die hintere Seitentür und nestelte umständlich an dem Paketband.

„Sauberer Ganovenknoten. Ein Fesselknoten mit zwei halben Schlägen.“

Sie streifte die Handfesseln ab und wollte aus dem Wagen steigen, aber ihre Beine gaben nach.

„Verdammt! Eingeschlafen.“

Sergeant Lindsey half ihr wieder auf.

„Okay Sergeant, wird schon wieder, bin gleich fit. Wie haben Sie mich eigentlich gefunden?“

Sie setzte sich seitlich auf den Fahrersitz und nahm die Straßenkarte zur Hand.

„Handyortung, Chief Inspector. Alle unsere neuen Handys sind für die Ortung freigeschaltet. Musste mir nur das Okay vom Chef holen. Sie hatten sich gestern ja nicht mehr gemeldet, wie es eigentlich abgesprochen war, und wir haben mehrmals versucht, Sie anzurufen. Da haben wir Sie dann kurzerhand geortet."

Sie hatte mittlerweile ihre Beine wieder unter Kontrolle, stand auf und breitete die Landkarte auf der Motorhaube aus. Mit dem Zeigefinger fuhr sie auf der Karte bis nach Dundee.

„Wir sind hier und er will dort hin."

„Okay Chief Inspector, dann können wir ihn ja bei uns in Dundee in Empfang nehmen, oder?"

Sergeant Lindsey sah sie fragend an und empfing von ihr dafür einen eisernen Blick.

„Ich will ihn möglichst vorher schnappen, ist das klar? Bei uns kennt er sich sicher noch bestens aus und weiß, wo er sich verstecken kann."

„Okay, Chief Inspector, wenn Sie meinen, aber er hat mindestens drei Stunden Vorsprung."

„Hören Sie gut zu, Sergeant, …"

Wexford Golf Club, Irland
Vormittags 10:00 Uhr

Die Morgensonne versprach, dass es ein schöner Halloweentag werden sollte, mild, trocken mit viel Sonnenschein.
Für ihn nicht.
Er saß an der Bar des Golfclubs und blickte missmutig über den noch vom Morgentau feucht glänzenden Golfrasen.
Seine Kundschaft drüben in Pembrokeshire wartete ungeduldig auf Nachschub.
Er schaute auf seine Rolex. Fast zehn Uhr und noch immer keine Nachricht von Burns.
Das Telefon unterm Tresen klingelte.
Der Barkeeper nahm den Hörer ab.
„Wexford Golf Club, Sie wünschen bitte? . . . Kann ich ihm etwas ausrichten? . . . Wie ist Ihr Name bitte? . . . Ich kann es an ihn weiterleiten . . . Nur persönlich? . . . Stichwort Kilimandscharo? . . . Einen Moment, bitte."
Der Barkeeper näherte sich ihm mit dem Telefon in der Hand.
„Boss, eine Dame will Sie sprechen, Stichwort Kilimandscharo."
Der nickte, nahm den Hörer entgegen und machte eine knappe Handbewegung, woraufhin sich der Barkeeper zurückzog.
„Ja bitte, Miss, Sie wünschen? . . . Aha! Woher haben Sie diese Information? . . . Und was erwarten Sie dafür von mir? . . . Mehr nicht? . . . Wo ist da für Sie das Geschäft? .

. . Was haben Sie davon? . . . Okay! Dann sagen Sie mir bitte, was Sie wissen . . . Keine Angst, Miss, ich habe ein ausgezeichnetes Gedächtnis . . . Ja, verstanden! . . . Ich wiederhole, Sandy Beach Camping, weißer Fiat Ducato Camper, beschriftet mit ‚Campells Holiday Cars', Autoschlüssel im Auspuffrohr. Richtig? . . . Wie kann ich Sie … „

Die Verbindung wurde unterbrochen. Er legte den Hörer auf und überlegte einen kurzen Moment. Wenn das keine Fake-Information war, dann wäre es das Beste, Burns dahin zu beordern. Er griff zum Handy. Nach dem dritten Freizeichen nahm Burns das Gespräch entgegen.

„Wo zum Teufel stecken Sie, Burns? . . . Soso, in Dundee . . . und was treiben Sie dort? . . . Sie warten auf Charly? . . . Ab sofort Kommando zurück. Sie müssen hier unten in Sandy Beach eine heiße Info klären . . . Ich gebe Ihnen jetzt die Eckdaten durch und dann ein bisschen zackiger mit der Rückmeldung, unsere Kundschaft wird schon ungeduldig …"

Nach Durchgabe der Daten, er konnte sich wie immer auf sein Gedächtnis verlassen, beendete er das Gespräch und lehnte sich entspannt zurück. Es könnte wohl doch noch ein schöner Halloweentag werden.

🌐 Glenmoy Ave, Dundee
Vormittags 10:00 Uhr

Was sein Gedächtnis betraf, so stand es dem seines Bosses in nichts nach. Einmal gehört, für immer gespeichert. Doch warum sofort wieder abreisen? Wenn er schon hier oben in Schottland war, so konnte es doch nicht schaden, sich zuerst diesen Charly zu schnappen und dann auf der Rücktour die Ware abzuholen. Wäre doch ein hübsches Präsent für den Boss, Charly inklusive Ware.
Er spähte zum wiederholten Mal zum Haus hinüber. Nichts.
Er war früh, noch vor sechs, in Dundee eingetroffen und musste warten, bis er jemanden fragen konnte. Mac Blunts Adresse herauszufinden war ein Kinderspiel. Die Verkäuferin in der nahen Bäckerei, die bereits um sechs Uhr öffnete, war recht gesprächig gewesen. Die frischen Croissants waren essbar. Der Kaffee aus ihrem Automaten dagegen schmeckte abgestanden und flau. Da er nicht wusste, wie lange seine Observation dauern würde, hatte er sich sicherheitshalber mit Mineralwasser und Cola eingedeckt.

Mittlerweile waren fast fünf Stunden vergangen und nichts hatte sich im oder vorm Haus getan. Was er nicht wissen konnte, war, dass sich MacBlunt, in Erwartung eines Wiedersehens mit Daisy, bei einer einschlägig bekannten jungen Dame die Nacht über Appetit geholt hatte und von dort direkt ins Büro gegangen war.

Glenmoy Ave, Dundee
Vormittags 11:00 Uhr

Hatte ihr Rücken die harte Kirchenbank noch gut verkraftet, so schmerzten die Handgelenke umso mehr.
Sie war erst mal zum Duschen in ihr Appartement gefahren und hatte sich frische Kleidung angezogen. Dann erst nach Dundee, um diesen verdammten McTinn nun endlich zu schnappen.
Langsam fuhr sie durch die Glenmoy Ave und scannte dabei die nähere Umgebung. Auf der Höhe von Mac Blunts Adresse fiel ihr sofort der schwarze Ford mit dem Waliser Kennzeichen auf.
Sie rollte daran vorbei und erkannte anhand Schwester Helens' Beschreibung, darin sitzend, diesen ominösen Handelsvertreter Frederic Myers.
Ihr war sofort klar, dass der ebenfalls auf Ben lauerte. Bisher wohl ohne Erfolg.
Sie beschloss, ihn zu überprüfen, da er sehr wahrscheinlich in diesen Fall verwickelt war, und ihn, wenn möglich, aus dem Verkehr zu ziehen. Danach könnte sie sich wieder auf Ben McTinn konzentrieren.

Burns hatte sie ebenfalls im Spiegel bemerkt. Er spürte, dass sie was suchte, aber bestimmt keinen Parkplatz.
Für seinen Geschmack fuhr sie langsam genug, um Fahrzeuge am Straßenrand zu kontrollieren.
Was ihn irritierte war, dass ihr Wagen ein Waliser Kennzeichen hatte. War sie ihm etwa von da unten gefolgt? … Und warum kannte er ihr Gesicht nicht? Ihm waren eigentlich alle Detectives in Wales bekannt.

Da er mittlerweile eng zugeparkt war, hatte er keine Chance, schnell wegzukommen. Jetzt kontrolliert zu werden, passte so gar nicht in seinen Zeitplan, auch wenn dieser zurzeit nur aus Warten bestand.
Seine Eingebung sagte ihm: – Shit, jetzt wird's amtlich. – Er hatte noch nicht zu Ende gedacht, da war sie auch schon neben ihm.
Sie hatte zurückgesetzt, sodass er gar nicht mehr ausparken konnte, dann stieg sie aus dem Wagen, um sich neben seine Fahrertür zu stellen. Sie klopfte an die Seitenscheibe, zeigte ihre Dienstmarke. Burns ließ die Scheibe runter.
„Sir, Ihre Ausweispapiere, bitte."
„Guten Morgen, Chief Inspector, was kann ich an diesem schönen Morgen für Sie tun?"
Nicht gerade allerbester Laune wiederholte sie ihre Aufforderung.
„Ihre Ausweispapiere bitte und Fahrzeugzulassung!"
Burns, ein Meister der Selbstbeherrschung, reichte ihr beides mit einem einfühlsamen Lächeln.
„Habe ich etwas falsch gemacht, Chief Inspector? Stehe ich etwa im Halteverbot?"
Chief Inspector Swan blickte stur auf die Papiere, zückte dann ihr Handy und wählte die Nummer vom Hauptquartier.
„Ah, Sergeant Lindsey, schon im Dienst? . . . Chief Inspector Swan hier . . . Ja, alles gut, danke . . . Ich habe eine Personenüberprüfung . . . Ian Frederic Burns, geboren am 17.04.1970 in Barry, Wales, wohnhaft in der Portman Rd Cardiff . . . Okay, ich warte ..."

Während der Wartezeit schaute sie sich Burns etwas genauer an und warf zudem einen prüfenden Blick ins Wageninnere.
Nichts Verdächtiges zu entdecken.
Sergeant Lindsey meldete sich.
„Ich höre . . . Danke, Sergeant. Bitte sofort einen Wagen in die Glenmoy Ave . . . Sofort, sagte ich . . . Danke."
Sie wendete sich wieder Burns zu.
„Es tut mir leid, Sir, aber ich muss Sie wegen Angabe falscher Personalien verhaften und Sie bitten, mit auf's Polizeirevier zu kommen. Sie haben das Recht …"
Burns fuhr ihr lächelnd in die Parade.
„Können Sie sich schenken, Chief Inspector, den Spruch kenne ich schon zur Genüge. Ich möchte umgehend meinen Anwalt sprechen."
„Dazu werden Sie auf dem Revier wohl noch genügend Zeit haben."
Es fiel ihr schwer, sein Lächeln auszuhalten.

Balgay Cemetery, Dundee
Mittags 13:00 Uhr

Sie spürte, dass Ben jetzt allein sein wollte, und ging deshalb ein paar Gräber weiter.
– R.I.P. Familie McPherson – las sie.
Ein ihr unbekannter Familienname.
„Kennen Sie die Familie? Sind Sie eine Verwandte?"
Daisy schreckte aus ihren Gedanken hoch.
Ein alter Mann mit Krückstock hatte sich von ihr unbemerkt genähert.
„Nein, Sir, ich warte nur auf meinen Bekannten dort."
Sie zeigte in Bens Richtung.
Der Alte blickte interessiert zu Ben hinüber.
„Ah ja? Er steht vorm Grab der McTinns. Ist er ein Verwandter von denen?"
„Nein, Sir, das ist nur ein Bekannter aus Afrika, hier zu Besuch."
Der Alte nickte nachdenklich mit dem Kopf.
„Von den McTinns lebt wahrscheinlich keiner mehr. Zumindest nicht hier in der Gegend. Ist schon 'ne tragische Geschichte."
Daisy sah den Alten jetzt interessiert an.
„Sie kannten die McTinns?"
„Oh ja, ich wohnte damals in deren Nachbarschaft, in East Marketgait. Aber jetzt wohne ich schon seit einigen Jahren bei meiner Tochter in der Nähe der Wimberley Houses. Komme aber oft hierher, meine Frau ist dort hinten im Westteil vom Friedhof begraben."
Er zeigte mit seinem Stock in die Richtung.

Daisy blickte zu Ben rüber, der aber war anscheinend tief in Gedanken versunken.
So wandte sie sich wieder dem alten Mann zu.
„Inwiefern tragische Geschichte?“
„Ach Miss, wo soll ich da anfangen?“
Er wiegte seinen Kopf hin und her, dann plötzlich huschte ein Lächeln über sein von Wind und Wetter zerfurchtes Gesicht.
„Ja, ich denke, am besten beim alten McLeod. Er und ich, wir waren damals gut befreundet, gingen zusammen zur Schule und im Krieg zur Royal Navy. Danach trennten sich unsere Wege. Ich ging zum Studium nach Glasgow. Er blieb hier, kaufte sich gegen Ende der 40er Jahre 'nen alten klapprigen Fischkutter. Der aber schon auf der ersten Fahrt absoff. Danach blieb er erst mal an Land. Lernte hier seine spätere Frau Fiona kennen. Sie heirateten, bekamen 1951 eine Tochter, Shona. Kurz darauf fuhr er dann wieder zur See, bis 1960. Pachtete dann im selben Jahr noch den ‚Black Swan‘ Pub und betrieb ihn zusammen mit seiner Frau.“
„Verzeihung, Sir, aber was hat das nun mit den McTinns zu tun?“
„Gemach, gemach, junge Frau, die Tragödie beginnt ja jetzt erst. Davie McTinn kam im Sommer 1976 als Vollwaise aus Aberdeen in die Stadt, um hier als Schweißer auf der Caledonian Shipyard zu arbeiten. Er war vom ersten Tag an Stammgast im ‚Black Swan‘ und sofort in Shona verknallt, die inzwischen schon 25 Jahre alt und noch immer unverheiratet war. Ihre Mutter Fiona war aber zeitlebens gegen diese Beziehung.

Sie hatte es bisher geschafft, alle vorherigen Liebhaber ihrer Tochter zu vergraulen und unternahm auch jetzt wieder alles, um auch diesen zu verhindern.“
Er verlagerte sein Gewicht auf das andere Bein.
„Die Hüfte, wissen Sie, man ist halt alt.“
Dann fuhr er mit seiner Schilderung fort.
„Anfang 1978 stirbt Fiona dann an Herzversagen. Böse Zungen behaupteten damals, sie wäre wohl am versteinerten Herzen gestorben. Nun ja, jetzt stand ihrer Liebe nichts mehr im Weg. Jedenfalls heirateten Davie und Shona kurz darauf und bekamen Anfang 1980 die Zwillinge Bernhard und Lennard.“
„Ben und Len.“
„Richtig. McLeod gibt wenig später die Pacht vom ‚Black Swan‘ auf und arbeitet fortan in der Hafenmeisterei, hier in Dundee, als Bootsführer. Mitte 1981 macht die Caledonian Shipyard dicht. Davie wird, wie so viele andere hier in der Stadt auch, arbeitslos. Er stirbt zwei Jahre später im Herbst, hatte was mit der Lunge. Liegt jetzt da, wo ihr Bekannter steht. Seine Frau Shona hatte nach seinem Tod das Trinken angefangen. Sie hielt sich und die Zwillinge mit Aushilfsjobs, meist im ‚Black Swan‘, mehr schlecht als recht über Wasser. Anfang März 1986 hat es sie dann voll erwischt, ist nachts im Suff auf dem Heimweg vom Auto angefahren worden. Schädelbasisbruch. Liegt jetzt auch da.“
Er zeigte mit seinem Krückstock zum Grab.
„Die Zwillinge haben sie ins Waisenhaus gesteckt. Wie auch sonst? Waren ja keine Verwandten aufzutreiben, die sie hätten aufnehmen können. Den alten McLeod

hat's so stark mitgenommen, dass der nicht in der Lage war, die beiden bei sich aufzunehmen."
Daisy hatte während seiner Schilderung die ganze Zeit wie gebannt an seinen Lippen gehangen.
„Und über Ben und Len, was wissen Sie da noch?"
„Gute Frau, die Geschichte ist damit ja noch nicht ganz zu Ende. Im Juli 1998 muss nachts hier im Hafen ein Unglück passiert sein. Jedenfalls fischt der alte McLeod seinen Enkel, den Benny, tot aus dem Hafenbecken. Sein Zwillingsbruder, der Lenny, ist seitdem verschwunden. Benny liegt jetzt auch da."
Er zeigte mit seiner Krücke abermals auf das Grab.
„Dem alten McLeod ist's dermaßen an die Nieren gegangen, hatte nun Frau, Tochter und Enkel verloren, ist dann das Jahr darauf verstorben. Liegt jetzt da hinten, neben seiner Frau."
Wieder zeigte er mit seinem Krückstock, jetzt Richtung Westen. Daisy hatte es die Sprache verschlagen. Der Alte schaute versonnen hügelabwärts auf den im Sonnenlicht blau daliegenden Tay.
„Ich glaube, Sie werden hier in Dundee und Umgebung wohl keinen lebenden McTinn mehr finden."
Daisy blickte zu Ben hinüber, der sich aus seiner stummen, regungslosen Haltung gelöst hatte, dann wieder zum alten Mann.
„Das glaube ich auch nicht."
Der Alte richtete sich ebenfalls auf.
„Junge Frau, es war schön, sich mit Ihnen zu unterhalten, aber jetzt muss ich auch mal weiter. Das lange Stehen ist nicht so gut für meine Hüfte."

Daisy blickte den Alten nochmals dankbar an, lächelte, reichte ihm dann die Hand.
„Danke, Sir, für all die Informationen. Allmählich beginne ich zu begreifen, was damals geschehen ist."
„Oh, nicht dafür, gern geschehen. Gruß an Ihren Bekannten dort."
Der alte Mann humpelte davon, ohne sich noch einmal umzudrehen. Ben kam auf sie zu.
„Wer war das und was wollte er?"
Daisy schaute ihn prüfend an.
„Er hat sich mir nicht vorgestellt, hat mir nur von früher erzählt und wer schon alles hier liegt. Er kannte deine Großeltern, die McLeods, die auch hier liegen. Alles gut bei dir, Ben?"
„Opa Albert ist auch schon tot?"
Betrübt schaute Ben zu Boden.
„War'n feiner Kerl, mein Opa Albert, hat uns Kindern damals immer spannende Geschichten von der Seefahrt und seinen Marineerlebnissen erzählt."
Daisy fasste Ben an beiden Händen.
„Nach dem, was der Alte mir erzählte, bist du wahrscheinlich der letzte lebende McTinn."
Erschrocken zuckte er zurück, versuchte sich dabei von ihr zu lösen.
„Du hast dem Alten doch nichts von mir erzählt?!"
Sie verstärkte ihren Händedruck.
„Warum sollte ich? Es ist besser so, dass niemand weiß, dass du nicht da unten liegst. Für ihn bist du nur ein Bekannter aus Afrika gewesen."
Ben nickte zufrieden. Er blickte auf ihre Armbanduhr.

„Es wird Zeit zu verschwinden, die Polizei wird uns sicherlich auch hier suchen wollen."
„Dann sollten wir jetzt zum Wagen zurückgehen und uns schon mal umziehen. Ich werde MacBlunt danach wie besprochen anrufen."
„Daisy, bist du dir sicher, dass er kommen wird?"
„Absolut! Ich hab's an seiner Stimme gehört. Der ist immer noch bis unter die Haarspitzen geil auf mich."
„Ich werde diesen Drecksack nicht aus den Augen lassen! Und Daisy, du hast mir versprochen, vorher deine Mutter anzurufen."
„Ja, Ben. Jetzt aber weg von hier. Du fährst!"

Balgay Cemetery, Dundee
Früher Nachmittag 14:00 Uhr

Dieser Burns war nur Beifang, sie wollte den dicken Fisch, den Benny McTinn.
Erstaunt stellte sie fest, dass der Friedhof heute an Halloween gut besucht war. Sie betrat den Friedhof im Westteil und musste sich erst mal orientieren, blieb darum kurz stehen. Vor einem Grab stand ein alter Mann auf seinen Krückstock gestützt und hielt anscheinend Zwiesprache mit seiner verstorbenen Frau.
„…oh Amy, du glaubst es nicht, aber da war vorhin doch ein junger Mann aus Afrika zu Besuch am Grab von den McTinns. Er hatte eine junge Frau dabei, die hat sich von mir die ganze Geschichte erzählen lassen. War ja schon tragisch mit denen damals. Davie und Shona mochtest du ja gut leiden, aber ihre hartherzige Mutter Fiona konntest du ja auf'n Tod nicht ausstehen. Ich wusste gar nicht, dass die Bekannte in Afrika hatten, muss wohl von den Zwillingen sein … Ach, was rede ich so viel, deine Blumen müssen ja noch begossen werden."
Sie hatte genug gehört und ging, da sie sich zwischenzeitlich orientiert hatte, entschlossen in Richtung des McTinn-Grabes. Dabei überlegte sie sich ihr weiteres Vorgehen, als sich ihr Handy meldete.
„Chief Inspector Swan . . . Hier in Dundee, Sir . . . Ich soll sofort bei Ihnen erscheinen?? . . . Aber Sir, ich bin doch grade dabei . . . Sir, es kann sich nur noch . . . Ja, Sir, ich habe verstanden . . . Hallo Miss Baker . . . schreiben Sie bitte mit …"

Kings Cross Hospital, Dundee
Nachmittags 15:00 Uhr

Die letzten beiden Stunden zogen sich wie Kaugummi dahin, so ungeduldig wartete er auf ihren Anruf. Beim ersten Klingelzeichen hob er ab.
„Elliot MacBlunt, was …“
Daisy ließ ihn gar nicht erst ausreden.
„Um sechzehn Uhr in der alten Jutefabrik in der Broughty Ferry Road, Parterre links in der ehemaligen Wäscherei.“
„Wie? In dieser verlassenen, von Fixern und Pennern versifften Ruine?“
MacBlunt geriet etwas aus der Fassung. Er hatte sich einen romantischeren Treff erhofft.
„Nur keine Panik, Elliot. In einer Stunde in der ehemaligen Wäscherei der alten Jutefabrik. Intime House-Party. Wir zwei. Alles klar?“
MacBlunt schluckte trocken.
„Ja okay, alles klar, sechzehn Uhr.“
„So long, Elliot, du wirst den Weg schon finden.“
Sie legte auf. Er brauchte einen Moment, um diese Art der Einladung zu verdauen. Irgendetwas gefiel ihm nicht. Er überlegte. Da war etwas in ihrer Stimme, so ein harter, entschlossener Unterton, etwas Bedrohliches, etwas, was ihn erschreckte. Er schüttelte den Kopf, versuchte diesen Gedanken loszuwerden, doch es blieb etwas haften, trotz seiner Geilheit auf Daisy. Ein kurzer Blick zur Uhr, ihm blieb nicht viel Zeit. Er verschloss den

Schreibtisch, schnappte sich seine Lederjacke, Tasche und eilte nach Hause.
Sein Weg führte ihn direkt in den Keller. Er schob die Sachen, die er hier untergebracht hatte, beiseite, um an seinen alten Schreibtisch zu kommen. Nur mühsam schaffte er es, die linke Seite freizuräumen, um an die Schubladen zu kommen. Erst jetzt war es ihm möglich, die unterste Schublade zur Hälfte vorzuziehen. Er kniete sich schräg davor, um mit seiner Hand in den hinteren Bereich fassen zu können. Vorsichtig betastete er deren unsichtbaren Inhalt, bis seine Finger das kühle Metall berührten. Behutsam zog er den Gegenstand seiner Suche hervor.
„Da bist du ja, mein kleiner Freund."
Ein Lächeln zog über sein Gesicht.
So klein… und doch wog das Mitbringsel aus Deutschland schwer in seiner Hand, eine Mauser 6,35 mm Browning. Er hatte sie während seiner dreijährigen Dienstzeit in der Rheinarmee beim Pokern von einem Versorgungsoffizier gewonnen. Schon damals spürte er diese Sicherheit und Stärke, die von ihr ausging, wenn er sie bei sich trug. Er überprüfte die Mechanik und das Magazin. Alles okay, sechs Schuss geladen. Er steckte sie in seine Hosentasche, ließ alles andere stehen und liegen, ging nach oben ins Badezimmer, um sich ausgehfertig zu machen. Er schaute in den Spiegel und war mit sich und der Welt wieder zufrieden, dabei brummte er in bester Laune:
„It's Halloween, it's show time, Elliot."
Ein Blick zur Uhr, dann machte er sich auf den Weg.

🌐 Police Scotland, Dundee
Nachmittags 15:00 Uhr

Chief MacQuarie lächelte, als er den von Chief Inspector Swan vorab an Miss Baker telefonisch durchgegebenen Bericht durchlas. Auch er war in jungen Dienstjahren oftmals auf heißer Spur übers Ziel hinausgeschossen, musste zurückgepfiffen werden.
Er griff zum Telefon.
„Miss Baker, Chief Inspector Swan kann jetzt hereinkommen."
Er schloss hinter ihr die Bürotür.
„Chief Inspector, setzen Sie sich bitte."
„Danke, Sir."
„Kommen wir doch gleich zur Sache. Ich habe Ihren zusammenfassenden Bericht gelesen und ja, ich denke auch, dass wir es hier mit dem echten Benny McTinn zu tun haben."
Erst jetzt setzte er sich hinter seinen Schreibtisch.
„Ihrer Annahme, er habe seinen Bruder Lenny umgebracht, um anschließend dessen Identität anzunehmen, kann ich folgen. Somit hätten wir es hier mit einem vorsätzlichen Mord oder zumindest mit einem geplanten Totschlag zu tun. Motiv und Tathergang sind unklar. Sich dann über fünf Jahre zu verstecken, weil er als Lenny für den Mörder gehalten wird, das leuchtet mir absolut ein. Aber fangen wir doch am besten mal ganz von hinten an. Was bitte sollte diese Verhaftung heute Vormittag? Wir können diesem Burns nichts anhängen,

geschweige denn nachweisen. Er ist für uns quasi ein unbeschriebenes Blatt. Er hat hier keine Vorstrafen. Wir mussten ihn laufen lassen. Dann war da heute Morgen dieser Früheinsatz von Sergeant Lindsey."
MacQuarie blickte kurz auf seine Handnotiz.
„Er sprach von einem Verbindungsproblem, das Sie hatten. Können Sie das bestätigen?"
Eine innere Unruhe erfasste sie. Sollte das jetzt ein Verhör werden? Für einen kurzen Moment zögerte sie mit der Antwort.
„Ja Sir, ich glaube, ich befand mich heute Morgen wohl in einem Funkloch."
„Okay Chief Inspector, soll es hier ja öfter geben. Gab es sonst noch irgendwelche Vorkommnisse, von denen ich wissen muss?"
Sie versuchte, seinem prüfenden Blick standzuhalten.
„Nein Sir, nicht, dass ich wüsste."
„Zurück zu unserem wieder aufgetauchten Ben. Der Einlieferungsbefund vom Krankenhaus sowie die Untersuchungen der Blutproben lassen vermuten, dass er sich für längere Zeit in Afrika aufgehalten haben muss. Er operierte unter dem Namen Charly Smith von Irland aus. Anfragen, sowohl nach Benny als auch nach Lenny McTinn, bei Interpol verliefen negativ. Dass sie ihn nicht sofort zur Fahndung haben ausschreiben lassen, will ich in diesem Fall positiv vermerken."
Er strich sich über seinen, nun mittlerweile abrasierten, Siebentagebart, bevor er fortfuhr.
„So, Chief Inspector, nun zu meiner Sicht der Geschehnisse. Beide sind damals in etwas reingeraten

und sollten deshalb auf See beseitigt werden. Wäre ja nicht das erste Mal."
Er blickte, um sich zu vergewissern, kurz in die vor ihm liegende Akte, dann wieder zu ihr.
„Einer der beiden wird tags darauf am Außenkai angespült und anhand der Papiere in der Jacke sowie der Aussage vom alten McLeod als Benny McTinn identifiziert. Eine richtige Obduktion wurde leider nicht durchgeführt. Laut Protokoll trat der Tod durch Ertrinken auf Basis einer undefinierten Schädelfraktur ein. Somit nicht unbedingt ein Mordfall. Das Protokoll wurde von Ihnen unterzeichnet."
Er streifte sie mit einem kurzen strengen Blick.
„Nun, bei eineiigen Zwillingen ist eine Verwechslung nicht auszuschließen. Sie waren damals im guten Glauben, dass es sich bei dem Toten um Benny McTinn handelt. Sein anscheinend nach Afrika geflüchteter Zwillingsbruder taucht nach fünf Jahren in Wales unter falschem Namen wieder auf und bringt uns alle durch diese unselige Datenpanne in Erklärungsnot."
Chief Inspector Swan rutschte unruhig auf ihrem Stuhl herum. Sie versuchte in seinem Gesicht zu lesen. MacQuarie hob beschwichtigend seine Hand.
„Keine Angst, Chief Inspector, nichts von dem, was Sie damals ermittelt und unterschrieben haben, wird angezweifelt oder gegen Sie verwendet."
Er lehnte sich entspannt zurück.
„Ich werde Sie von diesem Fall abziehen und ihn persönlich bearbeiten."
Empört sprang sie auf.

„Aber Sir! Was ist mit der Entführung von Daisy? Ich bin so dicht an McTinn dran! Er ist hier in der Stadt. Wenn ich ihn habe, könnte doch alles aufklärt werden."
„Chief Inspector, noch mal zum Mitschreiben! Der Fall ist für Sie beendet."
„Aber Sir …"
MacQuarie schnitt ihr das Wort ab.
„Chief Inspector Swan, beherrschen Sie sich bitte und setzen Sie sich wieder. Daisy hat sich vor einer Stunde bei ihrer Mutter gemeldet und ihr unter anderem erklärt, dass sie freiwillig mitgefahren sei … und außerdem …"
Er lehnte sich verschwörerisch zu ihr nach vorn über den Schreibtisch.
„Ich möchte diese peinliche Datenpanne auf allerkleinster Flamme halten. Keiner von uns möchte doch einen Schatten auf seine Arbeit fallen lassen, oder? Darum möchte ich diesen Fall möglichst schnell abschließen und ad acta legen. Klar?"
Sie musste trocken schlucken, nickte dann aber.
„Ja Sir, verstanden."
„Gut, Chief Inspector. Ich sehe, Sie werden es noch weit bringen. Das war's fürs Erste … Ach ja, bevor ich's vergesse, Sie und Inspector Lindsey werden bis auf Weiteres als Team arbeiten. Ich habe ihn bereits entsprechend informiert. Miss Baker wird Ihnen gleich einen neuen interessanten Fall übergeben und sagen Sie ihr bitte, ich hätte jetzt gern einen Kaffee."
MacQuarie nickte ihr kurz zu, um sich dann dem vor ihm liegenden Aktenberg zu widmen.

Ehemalige Jutefabrik, Dundee
Nachmittags 15:30 Uhr

„Ich denke, wir parken da drüben beim Autohändler zwischen den abgestellten Wagen. Wie du siehst, ist hier nichts mehr los und wir können uns in Ruhe umziehen. Zur Fabrik geht‘s links die Holiday Lane hoch. Zum Hafen ist es nachher auch nicht viel weiter, wir müssen nur über die Schienen, da vorn ist der Übergang."
Er deutete in die Richtung. Sie blickte nur kurz hin, dann zu Ben.
„Ich habe doch kein so gutes Gefühl bei der Sache. Noch können wir einfach so verschwinden."
„Daisy, bitte!"
Er sah sie flehentlich an.
„Ich habe es Len auf Ehre und Gewissen versprochen. Wenn ich hier und heute keinen Versuch wage, wird seine Seele für ewig in der Finsternis bleiben und ich werde diese Schuld ein Leben lang mit mir herumtragen müssen. Willst du das wirklich, Daisy?"
Sie schlug die Augen nieder und errötete, doch dann erhob sie ihren Kopf und blickte ihn entschlossen an.
„Nein Ben, Lens Seele soll frei sein!"
„Dann lass uns beginnen."

Kurze Zeit später waren sie der Zauberer Merlin und die Wetterhexe Cailleach Mhor.
„Du siehst absolut hinreißend aus, Daisy."
Empört blickte sie ihn an.

„Wer zum Teufel ist denn Daisy? Ich bin Cailleach Mhor, verehrter Zauberer Merlin."
„Oh Verzeihung, meine Gnädigste. Möge mir doch die Cailleach Mhor immer Sonne über meinem Haupt scheinen lassen."
Beide mussten jetzt lachen, umarmten sich dann und hatten denselben Impuls. Sie küssten sich.
„Alles wird gut."
Ihm wurde ganz schwindelig von so viel Nähe und Wärme. Er musste tief durchatmen, japste dann.
„Ja, Liebste."
Daisy blickte ihm dabei ernst in die Augen.
„Weißt du noch, was Chuck damals zu dir gesagt hat, als du in Afrika gestrandet warst? ‚Dein erster Schritt in die neue Zukunft. Die alte kannst du nicht mehr ändern'. Also komm, lass uns ab jetzt die Schritte in die Zukunft gemeinsam gehen."
Die Straße stieg fast gradlinig bergan. Die Jutefabrik wirkte in der nun langsam einsetzenden Dämmerung, je näher sie ihr kamen, immer bedrohlicher.
Daisy schritt entschlossen voran, stoppte aber, als sie merkte, dass Ben stehenblieb.
„Was ist los, Ben?"
Sein Gesicht zeigte einen desillusionierten Ausdruck.
„Daisy, ich weiß nicht, aber irgendwie hatte ich die Fabrik anders in Erinnerung."
„Ben, es ist lange her und du warst noch ein Kind."
„Ja, aber wird er in diese Ruine kommen?"
„Mach es so wie ich mit meinem Märchenschloss im Moor, stell sie dir einfach schön vor. Außerdem ist der

immer noch so heiß auf mich, der würde sogar ein sinkendes Schiff betreten."
Du meinst, er kommt wirklich?"
„DER kommt!"
Ben schaute sich nach allen Seiten um, bevor sie das nur teilweise umzäunte Grundstück betraten.
„Daisy, bleib bitte kurz draußen, ich schaue drinnen nach, ob wir gefahrlos reingehen können. Es sind immerhin über fünfzehn Jahre vergangen seit damals."
Sie nickte zustimmend und blieb in der Nähe des Bauzaunes stehen.
Ben öffnete die nur lose angelehnte hölzerne Außentür zur ehemaligen Wäscherei und augenblicklich war er in seine Abenteuerwelt von damals eingetaucht.
Das spärliche Licht, das durch die zerborstenen Fenster fiel, ließ ihn die Örtlichkeiten gleich wiedererkennen.
Linkerhand war der große Waschsaal für die Jute mit seinen extralangen Holzpritschen, auf denen Len und er damals längsbalanciert waren. Dahinter lag, all seiner Rohre, Pumpen und Ventile beraubt, der Brunnenraum. Nur noch der große ummauerte Tiefbrunnen ragte etwa einen halben Meter aus dem Fußboden. Rechts und links davon waren die beiden Räume für die Werkzeuge und Ersatzteile. Er schaute durch die türlosen Rahmen ins Halbdunkel. Die uralten Holzregale standen noch da, leer und ohne neue Bestimmung. Neben dem einen Türrahmen stand ein alter hölzerner Werkzeugkasten mit verrosteten Schraubenschlüsseln. Alles war wie früher. Er hatte genug gesehen und ging zurück, um Daisy zu holen.

Um pünktlich zu sein, hatte er sich extra beeilt. Ein Blick zur Uhr sagte ihm, dass er etwas zu früh dran war. Doch heute gab es für ihn kein zu früh.
Er blieb wie angewurzelt stehen, als er um die Ecke bog und freien Blick auf die alte Jutefabrik hatte.
Da stand sie tatsächlich vor dem Gebäude. Die schöne Hexe, Zauberin oder was auch immer ihr Halloweenkostüm darstellen sollte.
Daisy! Seine Daisy. Sie war wieder da, wieder zurück.
Augenblicke später war sie hinter der alten Holztür im Gebäude verschwunden und sein erster Impuls war, ihr sofort hinterherzulaufen.
– Doch halt! Jetzt nur nichts übereilen – dachte er bei sich und – seltsam, sie hat nichts bei sich, keine Tasche, nichts. Aber vielleicht will sie mich testen, ob ich hier herkomme und wir gehen nachher doch woanders hin –
Er gab ihr drei Minuten Vorsprung.

Ben öffnete die Außentür nur halb und winkte Daisy zu sich rein.
„Hier drinnen ist alles in Ordnung und bei dir?"
„Er ist schon im Anmarsch, ich habe ihn eben auf der Straße gesehen."
„Gut, dann kann es ja losgehen. Komm, ich zeige dir noch schnell, wo ich ihn hin haben will."
Eilig zog er sie voran. Im Brunnenraum angekommen, zupfte sie Ben am Ärmel.
„Du, ich glaube, es ist besser, wenn ich mit ihm allein rede. Ich kenne ja jetzt deine Geschichte. Du versteckst dich da im Seitenraum und bleibst hinter deiner Maske erst mal stumm. Okay?"

„Aber Daisy, ich will, dass er die Tat gesteht!“
Er ballte die Fäuste, wie wenn er zuschlagen wollte.
„Nein Ben, ich denke, du wirst zu schnell emotional geladen sein und dann wird er dir gar nichts gestehen. Lass mich lieber reden, er weiß ja nicht, dass du noch lebst. Vielleicht beginnt er ja mir gegenüber damit zu prahlen, dich umgebracht zu haben. Erst, wenn das alles nicht funktionieren sollte, kommst du aus deinem Versteck hervor.“
Er wiegte seinen Kopf und überlegte einen Moment.
„Okay, dein Vorschlag könnte klappen. Wenn du das schaffst, würde es Lens Seele auch befreien, ansonsten werde ich …“
Er hielt inne und horchte nach draußen.
„Ich glaube, er kommt.“
Er blickte ihr nochmals prüfend in die Augen.
„Gut, wir machen es so, wie du eben gesagt hast. Geh ihm etwas entgegen und lock ihn hierher.“
Er nahm ihre Hände, zog sie zu sich und küsste sie.
„Ich liebe dich, Daisy. Viel Glück!“

Er öffnete die Außentür und schaute sich vorsichtig um, bevor er in die im schummrigen Licht liegende Halle eintrat. Ein Geruch von Zerfall, Moder und Fäkalien empfing ihn. Fast wäre er sofort wieder gegangen, aber da kam sie ihm auch schon entgegen, die schöne Zauberin Daisy, seine Daisy.
Sie blieb auf Abstand vor ihm stehen.
„Elliot, da bist du ja, komm mit.“
„Wie? Wohin soll ich mitkommen?“
„Komm!“

Sie drehte sich um und schritt voran. MacBlunt, sich nach allen Seiten argwöhnisch umschauend, ihr nach.
Am Brunnenraum angekommen, blieb er dann aber im Türrahmen stehen. Denn Ben hatte zwischenzeitlich ein paar Teelichter aus seinem Kostüm hervorgeholt, sie angezündet und auf dem Brunnenrand verteilt. Außerdem eine Decke davor ausgebreitet, bevor er sich ins Dunkle zurückzog.
„Was soll denn das hier sein, Daisy?"
„Kannst du es dir nicht denken? Nun komm, Elliot, und setz dich doch."
Er schaute sie irritiert an, machte aber keine Anstalten, sich zu setzen.
„Na gut, Elliot, wie du willst. Wir beide haben ein kleines, hässliches Stück Gemeinsamkeit. Du erinnerst dich? Und Ben McTinn hat uns dabei beobachtet. Keine zwei Tage später wurde er tot aus dem Hafenbecken gefischt und sein Bruder Len war von da an verschwunden. Ich denke, wir sollten darüber doch einmal sprechen."
McBlunts Augen wurden schmal.
„Woher weißt du das alles?"
„Nun, das stand ja alles in den Zeitungen."
„Und was hab ich damit zu kriegen?"
„Oh, ganz einfach. Du wurdest von Benny erpresst. 1000 £ oder er geht zur Polizei. Richtig?"
Seine Augen wurden zu schmalen Schlitzen.
„Wer behauptet das?"
Daisy fuhr unbeirrt fort.

„Das Geld sollte an Bord des Fischtrawlers ‚Marie' übergeben werden. Richtig?"

„Ja und? Wer hat dir das erzählt?"

Er versuchte nachzuhaken, doch Daisy fuhr in ihrer Schilderung der Dinge unbeirrt fort.

„Nach all den Jahren hat sich mir ein Tor zur Vergangenheit geöffnet und ich habe die Wahrheit über dich und das, was du vor fünf Jahren, am Freitag, dem 17. Juli, getan hast, erfahren."

Er schaute sie weiterhin mit zusammengekniffenen Augen an.

„Was soll ich denn an dem Freitag getan haben?"

„Ben, Len und du, ihr seid an Bord der ‚Marie' gegangen und dann ist alles schiefgelaufen."

Sein Gesicht war jetzt wie versteinert.

„Elliot MacBlunt, wir sind hier unter uns, du kannst es mir ruhig sagen. Ich möchte von dir die Wahrheit über den Tod von Ben McTinn hören. Hast du ihn umgebracht? Ihn mit einem Schraubenschlüssel erschlagen? Sag es mir! Bitte!"

Er machte ein ungläubiges Gesicht. Seine kleine Daisy auf Rachetour? Und woher hatte sie denn bloß all diese Informationen?

Daisy hakte weiter nach.

„Sag es mir Elliot! Hast du ihn auf dem Schiff erschlagen, ja oder nein? Und hast du dann seinen Bruder die Treppe runtergestoßen? Sag es!"

Sein Gesicht nahm jetzt einen hässlichen, wütenden Ausdruck an.

„Hör gut zu, Kleines. Was ich wann und wo getan habe, geht dich einen Dreck an. Außerdem …“

Er wollte gerade zu einer seiner Verteidigungsreden ansetzen, als er aus dem Dunkel des Nebenraumes ein menschliches Geräusch vernahm.

„Du bist doch nicht allein hier, oder?“

Dabei machte er mit dem linken Arm eine weit ausholende Geste, während er mit seiner rechten Hand die Pistole aus der Hosentasche zog und auf sie zielte.

Daisy schrie auf.

„Jetzt bin ich dran, Kleines, und ich will wissen, wer sich dort im Dunkeln versteckt. Komm raus!“

Dabei machte er mehrere Schritte zum Brunnen hin. Ben spürte die Gefahr. Es machte keinen Sinn mehr, sich zu verstecken. Wortlos trat er zwei Schritte vor und sah dann die Pistole in MacBlunts Hand. Der setzte ein schiefes Lächeln auf und zielte jetzt auf ihn.

„Sieh da, noch so eine Schießbudenfigur. Wer bist du denn, Jüngelchen? Der große Zauberer?“

MacBlunts schiefes Lächeln vergrößerte sich. Er setzte einen Fuß auf den Brunnenrand, stieß dabei eines der Teelichter in die Tiefe und schaute kurz hinterher.

„Hört sich tief an.“

Daisy sah mit weit aufgerissenen, angsterfüllten Augen von einem zum anderen, dabei keuchte sie mit heiserer Stimme:

„Ben, so tu doch etwas!“

„Ben? Wer soll das denn sein?“

MacBlunt grinste weiterhin schief und deutete mit dem Lauf seiner Browning auf Ben.

„Etwa dieser Halloweenkasper da? Ben ist tot und begraben, da bin ich mir sehr sicher. Der kann dir nicht mehr helfen."
Ein zynisches Lächeln zog über sein Gesicht.
„Liebste kleine Daisy, du glaubst doch nicht, mich mit so einem Spielchen beeindrucken zu können."
Ben lehnte sich an den Pfosten der Tür, die zur hinteren Kammer führte. In seinem Kopf kreiste es, er brauchte jetzt unbedingt einen Plan oder sonst wie eine Eingebung, um aus dieser Situation herauszukommen.
MacBlunts Lächeln wurde noch zynischer.
„Habt wohl geglaubt, mich nochmals erpressen zu können, so wie damals. Hat bloß nicht funktioniert und heute auch nicht."
Ben bemerkte, dass Daisy immer blasser wurde und ihre Augen verrieten Panik. Er musste unbedingt was tun und begann, seine Maske abzunehmen.
„Ich bin Ben!"
„So so, du willst also Ben sein?"
MacBlunt grinste weiterhin nur zynisch.
„Du hast damals Len umgebracht. Er hatte zufällig meine Jacke an. Len liegt auf dem Friedhof begraben, nicht ich. Ich lebe!"
MacBlunts Gesichtszüge entgleisten.
„Und du? Wo warst du denn all die Jahre?"
Er hatte bereits wieder Oberwasser.
„Ich war in Afrika, aber jetzt bin ich wieder da."
Am liebsten hätte er MacBlunt die Hände um den Hals gelegt, aber der war mit der Pistole in der besseren Position. Stattdessen umklammerte er den Türpfosten.

Die Finger seiner rechten Hand berührten dabei, gleich hinter der Wand, etwas Hölzernes.
Es war dieser alte Werkzeugkasten, der mit den verrosteten Schraubenschlüsseln, der vor Jahren hier stehengelassen und vergessen wurde. Er hatte ihn vorhin beim Inspizieren der Brunnenkammer gesehen, aber ihm keine weitere Beachtung geschenkt. Was hatte Chuck ihm gelehrt? – Es gibt immer eine Chance, du musst sie nur erkennen und ergreifen –
Ganz langsam rutschte er ein klein wenig weiter am Türpfosten runter, um den Werkzeugkasten besser am Griff packen zu können.
MacBlunt trat derweil dicht an den Brunnenrand und stellte sich, mit seinem schiefen Grinsen, breitbeinig davor. Dann kreuzte er seine Arme mit der Pistole in der Hand vor der Brust.
„Ihr beiden glaubt doch wohl nicht, heil und lebend aus dieser Ruine wieder rauszukommen. Ab jetzt bestimme ich hier die Spielregeln."
Daisy, unfähig einen Ton hervorzubringen, schaute nur noch angsterfüllt auf ihn.
Der gefiel sich in seiner 007-Pose.
„Tja, meine kleine Daisy, der Wind hat sich gedreht. Jetzt werde ich zuerst diesen miesen, kleinen Erpresser erledigen, wie ich auch seinen Bruder erledigt habe, um mich dann ausgiebig mit dir zu beschäftigen."
Mittlerweile hatte Ben den Werkzeugkasten voll im Griff. Der war jetzt seine einzige Waffe und Chance.

Er spannte seine Muskeln an und mit dem Mut der Verzweiflung schleuderte er den Kasten mit all der Kraft, die er aufbringen konnte, in Richtung MacBlunt.
Der blickte völlig überrascht auf das ungewöhnliche Geschoss und versuchte auszuweichen. Da er jedoch breitbeinig direkt vor dem Brunnenrand stand, war es ihm absolut nicht möglich, seitlich auszuweichen. Er versuchte stattdessen, dieses Wurfgeschoss, das direkt auf seinen Oberkörper zuflog, mit beiden Händen abzufangen. Allein die kinetische Energie, bedingt durch Größe und Gewicht, machte es ihm unmöglich, die Kiste abzubremsen.
So konnte er sie nur noch mit beiden Armen gleichzeitig vor der Brust umklammern, wobei sich aus der Pistole ein Schuss löste, der Ben am linken Oberarm streifte.
Die Kiste setzte ihren Flug fort und drückte jetzt seinen Oberkörper nach hinten, sodass seine Beine in den Knien nach hinten einknickten und er langsam in eine Sitzhocke über den Brunnenrand kam.
Unfähig, einen Ton hervorzubringen, starrte er die beiden mit großen, staunenden Augen an, nicht begreifend, was mit ihm geschah.
Langsam, wie in Zeitlupe, bewegte sich sein Oberkörper noch weiter nach hinten. Sein Kopf schlug dabei so heftig auf die scharfkantigen Reste der Pumpenhalterung, dass ein dumpfes Knacken zu hören war.
Als Nächstes traf sein Hinterkopf auf den hinteren Brunnenrand und schleuderte den Kopf gen Brustbein, was ein weiteres Knackgeräusch zur Folge hatte. Zum Schluss noch ein halblautes Aufstöhnen.

Danach Stille.
Die Kiste setzte ihren Weg gemeinsam mit MacBlunt fort, jetzt nach unten. Langsam verschwand sein Oberkörper Stück für Stück im Brunnenschacht.
Dann ein rostiges Klirren.
Die Schraubenschlüssel befreiten sich aus ihrem hölzernen Behältnis und legten sich einträchtig, bereit für ihre letzte Aufgabe, beschwerend auf seine tote Brust. Als Letztes klappten die Unterschenkel und Füße am Brunnenrand erst in die waagerechte, dann nach oben. Das Letzte, was von Elliot MacBlunt noch zu sehen war, waren seine Schuhabsätze.
Ben begann zu zählen.
„Einundzwanzig, zweiundzwanzig, dreiundzw…"
Ein dumpfes, nasses Aufklatschen war aus der schwarzen Tiefe des Brunnens zu hören.
„Ungefähr dreißig Meter."
Damals hatten Len und er als Kinder hier gespielt, dabei immer wieder Steinchen in den stillgelegten Brunnenschacht geworfen und gezählt. Ben schaute über den Brunnenrand in die Tiefe und horchte.
Kein Laut, alles still. Daisy, mittlerweile aus ihrer Erstarrung erwacht, hielt sich die Hand vor den Mund.
„Ben, was hast du gemacht? Ist er tot?"
„Ja, Daisy. Ja! Es ist vorbei. Er hat sich selbst gerichtet. Er hat Len mit einem Schraubenschlüssel erschlagen. Die haben jetzt ihn erschlagen. … Daisy, ich glaube, ich muss mich setzen, mir wird schwindelig."
Er ließ sich auf dem Boden nieder und lehnte sich an die Wand. Erst jetzt sah sie seine Armverletzung.

„Ben, du blutest ja am Arm!“
„Ja Daisy. Du bist doch die Krankenschwester, dann tu was.“
Er schloss die Augen.
Len war jetzt bei ihm, lächelte, um dann zu Mom und Dad zu gehen, die ihnen aus der Ferne zugesehen hatten.

Als er wieder zu sich kam, war seine Wunde verbunden. Daisy hockte neben ihm und schaute ihn besorgt an.
„Alles okay, Ben?“
„Ja, Daisy, das Leben geht weiter.“
Beide starrten minutenlang auf den stillen Brunnen. Ben erhob sich und stieß die restlichen Teelichter hinab.
„Mögen sie dir den Weg zur Hölle zeigen!“
Danach reichte er Daisy die Hand.
„Komm, lass uns gehen. Es ist vorbei.“
Sie gingen schweigend, ohne sich umzublicken, Hand in Hand die Straße bergab zum Wagen, zogen sich um, nahmen ihre Sachen aus dem Auto und steckten den Schlüssel ins Auspuffrohr.
Ben wischte sich den Ruß von den Fingern.
„Du musst noch Tante Evelyn anrufen und ihr sagen, wo der Wagen steht.“
„Ja, Ben, später oder morgen.“
Sie überquerten die Gleise der Hafenbahn und gingen dann in der aufkommenden Dunkelheit zielstrebig auf die alten Docks zu.
„Bist du dir noch sicher, in dem, was wir vorhaben?“
Daisy ging jetzt neben ihm.
„Ja Daisy. Die Vergangenheit können wir jetzt nicht mehr ändern. Da vor uns liegt die Zukunft.“

Er zeigte nach vorn, griff ihre Hand noch fester.
„Los, komm bitte weiter."
Sie blieb stehen und zog fröstelnd die Schultern hoch.
„Ben, irgendwie ist mir kalt."
Er zog seine Jacke aus und hängte sie ihr um.
„Hier, nimm! In Afrika wird es dir wärmer sein."
Ein paar Augenblicke später.
„Da schau! Da isses."
Er zeigte auf den dunklen Schatten. Vor ihnen in der Dunkelheit am Kai lag ein unbeleuchteter Trawler.
„Na, was hab ich dir gesagt?"
Sie näherten sich dem Schiff. Ben las den Schiffsnamen am Heck und stutzte. – Marie – Bissau – murmelte er. Unangenehme Erinnerungen bemächtigten sich seiner bei dem Namen. Daisy blieb ebenfalls stehen und beäugte das Schiff skeptisch, dann schaute sie Ben an.
„Das soll unsere Zukunft sein?"
Bevor er antworten konnte, rief plötzlich eine Stimme aus der Dunkelheit des Schiffes.
„Wie is daar?" [1]
Ben spitzte die Ohren und rief spontan: „Ben und Daisy!"
„Ek ken geen Ben nie." [2]
„Sorry, ich meinte, Charly und Daisy."
„Goed, ek ken hom. Kom aan boord. Neem asseblief die trap midskepe." [3]

---

1 „Wer ist da?"

2 „Ich kenne keinen Ben."

3 „Okay, den kenne ich. Kommt an Bord. Nehmt die Treppe mittschiffs."

Ben grinste über beide Ohren, denn er hatte die Stimme erkannt und zog Daisy hinter sich her.
„Ben, warum grinst du so und warum nennst du dich jetzt wieder Charly?"
„Komm Daisy! Alles wird gut. Afrika ruft. Ich werde es dir auf der Überfahrt erklären. Wir haben viel Zeit."

Police Scotland, Dundee
Montag vormittags

Ein Blick zur Uhr zeigte ihm, dass es schon nach neun war. Er hatte den heutigen Jour fixe wegen der Halloweenfeiern am Wochenende bewusst etwas später angesetzt, um mehr Zeit zu haben für den eigenen Bericht an Glasgow.

Doch ihm wollte partout keine schlüssige Formulierung einfallen. Ein logisches Fazit aus zwei, drei Sätzen, eins, das ihn vor unbequemen Nachfragen schützen würde.

Für seine Leute da draußen fiel es ihm leicht den Fall McTinn im richtigen Licht darzustellen, aber für die da in Glasgow bzw. London?

Chief MacQuarie ging im Geiste den Fall McTinn ein weiteres Mal durch. So wie er die Sache nach mehreren Telefonaten mit Daisys Verwandten sah, wird dieser wieder aufgetauchte Ben mit Daisy wohl ein neues Leben in Afrika beginnen. Und solange der nicht wieder zurückkommt und hier straffällig werden sollte, so long.

Er schaute durch die gläserne Trennwand und sah seinen Mitarbeitern zu, wie sie mehr oder weniger intensiv an ihren Reviews, für den gleich anstehenden Jour fixe arbeiteten. Während Sergeant Lindsey gedankenverloren seinen Kugelschreiber betrachtete, traktierte Chief Inspector Swan dagegen, zwischen ihren Schreibattacken, den Druckkopf ihres Kulis. Die anderen saßen mit ihren fertigen Reviews abwartend hinter ihren Schreibtischen.

Seit Übernahme der Abteilung ließ er sich stets am ersten Arbeitstag der Woche den Stand der Fälle reportieren. Anschließend dazu ein kurzer Meinungsaustausch, dann Aufgabenverteilung.
Er war immer wieder erstaunt, was da für Vorschläge zum weiteren Vorgehen kamen.
Ein Blick zur Uhr, gleich 9.30 Uhr.
Zeit für den Jour fixe.

Er öffnete seine Tür, das Zeichen für alle.
Sein Blick fiel dabei auf Miss Baker, die in der rechten Hand eine Teetasse, links einen Kaffeebecher hielt und ihn dabei fragend ansah. Er musste lächeln und um sie zumindest für heute milde zu stimmen, deutete er auf die rechte.
Es ist immer sinnvoll, die Woche mit einer guten alten Sitte zu beginnen, und eine schlüssige Formulierung für den Bericht an Glasgow würde er auch noch finden.

Nachtrag

Broughty Ferry Rd, Dundee
Oktober 2018

Beim Abriss der stillgelegten Jutefabrik wurde der Brunnenschacht komplett mit Bauschutt verfüllt.
Ab jetzt waren alle Spuren der Vergangenheit verwischt.
Elliot MacBlunt wird wohl für immer verschwunden bleiben. Er wurde nie als vermisst gemeldet.
Ben und Daisy leben auf ihrer Schaffarm irgendwo im Süden Afrikas.

Ihre Wünsche gingen in Erfüllung.

+ + +

Kleiner kulinarischer Exkurs

Für alle, die englische Küche mögen und die im Text erwähnten Speisen nachkochen oder -backen möchten, hier die Rezepte:

Scones

Zutaten für 8 - 9 Stück

150 g	Dinkelmehl
100 g	Weizenmehl
20 g	Zucker
50 g	kalte Butter
1 EL	Backpulver
1 Prise	Salz
100 ml	Milch
1	Ei
1	Eigelb
2 EL	Milch

Alle Zutaten in eine Schüssel geben und verrühren.

Der Teig sollte nur grob zusammengeknetet werden, sonst geht er nicht auf!

Den Teig gleichmäßig ausbreiten oder ausrollen und mit einem Glas die Scones ausstechen.

Anschließend auf ein mit Backpapier belegtes Backblech platzieren und mit einer Eigelb-Milch-Mischung bepinseln.

In den vorgeheizten Backofen schieben für 15 Minuten bei 200 °C Umluft.

Warm mit Sahne, Marmelade und dazu Tee servieren.

Shepherd's Pie

300 g	mehligkochende Kartoffeln
1	Zwiebel
1	Möhre
2 EL	Öl
400 g	Hackfleisch vom Lamm
50 g	TK-Erbsen
1 EL	Tomatenmark
150 ml	Rinderfond
0,5 EL	Paprika edelsüß
15 g	Butter
100 ml	Milch
	Pfeffer, Salz, Prise Muskat

Kartoffeln schälen, in Würfel schneiden und 20 Minuten in Salzwasser kochen.

Zwiebeln und Möhren schälen und in kleine Würfel schneiden.

Öl in einer Pfanne erhitzen und das Hackfleisch darin bröselig anbraten.

Zwiebeln, Möhren, Erbsen dazugeben und mitbraten.

Tomatenmark und Rinderfond dazugeben, gut durchrühren und mit Paprika, Pfeffer und Salz würzen.

Kartoffeln abgießen und mit Butter zerstampfen.

Milch dazugeben, mit Muskat würzen und cremig rühren.

Ofen auf 200°C vorheizen.

Auflaufform mit Butter einfetten, Hackfleisch hineingeben und den Kartoffelbrei mit einem Spritzbeutel darauf verteilen.

Auflauf für 30 - 40 Minuten in den Ofen geben.

Fisherman's Pie

230 g	Mehl
1	Ei (Größe M)
	Pfeffer, Salz, Zucker
130 g	Butter
500 g	Porree (Lauch)
400 g	Lachs- und Lengfischfilet
400 ml	Milch
2	Lorbeerblätter
150 g	tiefgefrorene junge Erbsen
1	Zwiebel
7 - 8 EL trockener Weißwein	
1	Eigelb (Größe M)
	Frischhaltefolie
	Fett, Mehl

Für den Mürbeteig 200 g Mehl, Ei, 1 Prise Zucker, 1/2 TL Salz und 100 g Butter mit den Knethaken des Handrührgerätes verkneten.

Anschließend mit den Händen zu einem glatten Teig verkneten, in Folie wickeln und ca. 30 Minuten kaltstellen.

Porree putzen, waschen und in Ringe schneiden.

Fisch waschen, trocken tupfen und in Würfel schneiden.

Milch, 1 TL Salz, Lorbeerblätter und Pfeffer in einem weiten Topf erhitzen.

Fischwürfel hineingeben und bei schwacher Hitze 2 - 3 Minuten ziehen lassen. Dann vorsichtig herausheben und die Milch zur Seite stellen.

Porree in kochendes Salzwasser geben und ca. 5 Minuten garen. 1 Minute vor Ende der Garzeit die Erbsen zufügen.

Anschließend in ein Sieb gießen, Gemüsewasser auffangen und gut abtropfen lassen. Davon 150 ml Gemüsewasser abmessen.

Zwiebel schälen und fein würfeln.

30 g Butter in einem Topf erhitzen, Zwiebel darin andünsten, mit 30 g Mehl bestäuben, anschwitzen und nach und nach mit Gemüsewasser und der Milch ablöschen.

Aufkochen lassen, Wein zufügen, mit Salz, Pfeffer und Zucker abschmecken.

Gemüse untermengen und den Fisch vorsichtig unterheben.

4 Tarteförmchen (Ø 15 cm) fetten, Ragout gleichmäßig darin verteilen.

Mürbeteig auf einer bemehlten Arbeitsfläche dünn (ca. 37 x 37 cm) ausrollen und 4 Kreise (Ø 18 cm) ausschneiden.

Aus jedem Kreis ein Loch (Ø Schornstein 1,5 cm) ausstechen.

Je eine Teigplatte auf je ein Tarteförmchen legen, den Rand nach unten andrücken und den restlichen Teig wieder verkneten, dünn ausrollen und kleine Fische ausstechen.

Fische auf die Teigplatten legen.

Eigelb und 1 EL Wasser verquirlen. Teigplatten damit bepinseln.

Im vorgeheizten Backofen (E-Herd: 200 °C / Umluft: 175 °C / Gas: Stufe 3)

25 - 30 Minuten backen.

Nachtisch

Spotted Dick

250 g	Mehl
1 TL	Backpulver
1 Prise	Salz
125 g	Rindertalg oder Butter
180 g	Rosinen
80 g	Zucker
1	Orangenzesten
1	Zitronenzesten
150 ml	Milch

Mehl, Backpulver und Salz in eine Schüssel geben.

Fett, Rosinen, Zucker und die Zesten unterheben.

Langsam die Milch reinlaufen lassen und mit einem Kochlöffel unterrühren.

Nicht mit dem Mixer mixen, sonst bekommt der Spotted Dick nicht die gewünschte Konsistenz!

Eine Form, möglichst rund, mit Butter einfetten und den Teig hineingeben.

Mit Alufolie abdecken.

Im Wasserbad (d. h. einen Topf mit Wasser füllen und die Form dann dort hineinstellen) 1,5 Stunden vor sich hin köcheln lassen.

Aus der Form lösen und mit Vanillesauce servieren.

+ + +

+++

Fried Hansen

Jahrgang 1949
Sternbild Löwe
mehrfach verheiratet
mehrmals umgezogen
lebt in einem kleinen Dorf in Norddeutschland

mail to: an.fried.hansen@gmail.com

+++